そろそろお乳《ちち》
しぼって
もらおうかな

「なかほら牧場《ぼくじょう》」のふもとにある建物《たてもの》。事務所《じむしょ》や工場、宿泊施設《しゅくはくしせつ》などがある。牧場全体の広さは120〜130ヘクタール（東京ドーム26〜28個分《こぶん》）。

なかほら牧場《ぼくじょう》の牛たちは、広い山の中で自由に草を食べ、好《す》きな場所で寝《ね》る。急な山肌《やまはだ》でも、子牛たちは元気にかけまわる。

なかほら牧場《ぼくじょう》の牛たちは、角《つの》やしっぽを切られることも、鼻輪《はなわ》をつけられることもない。

❶急な斜面《しゃめん》を歩き、山のふもとの牛舎《ぎゅうしゃ》まで乳《ちち》しぼりのためにもどる牛たち。
❷見わたすかぎり山の続《つづ》く景色《けしき》の中、中洞《なかほら》さんは自《じ》慢《まん》の黄色いジープで牧場《ぼくじょう》を回る。

❶雑草《ざっそう》を刈《か》って山の手入れをする中洞《なかほら》さん。牛と山が元気に生きていくための大切な仕事。❷牛は芝生《しばふ》だけではなく、低《ひく》い枝《えだ》の葉など、山に生えているほとんどの植物を食べて育つ。

秋になると山全体が黄色や赤に包《つつ》まれる。牛たちは落ち葉も食べる。

真冬はマイナス20度まで冷《ひ》える山の中でも、牛たちの体はふんわりとした冬毛に包《つつ》まれていてあたたかい。

雪に覆《おお》われたなかほら牧場《ぼくじょう》。冬の間は食べられる植物がないため、干《ほ》し草《くさ》を発酵《はっこう》させた「サイレージ」が牛のえさになる。

春になると牧場《ぼくじょう》にも新しい命がつぎつぎと生まれてくる。子牛はある程度《ていど》大きくなるまでお母さん牛から離《はな》れない。

❶ミルカーという機械《きかい》を使って牛乳《ぎゅうにゅう》をしぼる。牛たちは乳《ちち》しぼりが終わるとまた山へと帰っていく。❷牧場《ぼくじょう》に住みついているネコ。しぼりたてのおいしい牛乳をねらっている。

❶なかほら牧場《ぼくじょう》の牛たちは夜も山ですごす。❷試《ため》ししぼりをして牛乳《ぎゅうにゅう》の品質《ひんしつ》を確《たし》かめる。❸なかほら牧場の牛乳は自然《しぜん》な牛乳なので、ふたの裏《うら》にはクリームができる。❹牧場内にあるプラント（工場）。ここでしぼりたての牛乳が瓶《びん》づめされる。❺クリスマスにはサンタさんのぼうしをかぶった牛も。❻午前6時にはスタッフが事務所《じむしょ》に集合し、一日の作業を確認《かくにん》する。

大《だい》好《す》きな牛と芝生《しばふ》に寝《ね》そべる。中洞《なかほら》さんのしあわせな時間。

ウッシッシッ
シッシ(^_^)

牛もしあわせ！
おれもしあわせ！

しあわせの牛乳

著・佐藤慧
写真・安田菜津紀

プロローグ

牛が自由に生きる牧場《ぼくじょう》

牛乳《ぎゅうにゅう》はどうやってつくられる？

牛乳。それはとても身近な飲み物です。朝ごはんといっしょに飲む牛乳。毎日給食《きゅうしょく》に出てくる牛乳。料理《りょうり》やお菓子《かし》づくりに牛乳を使うという人もいるかもしれません。

そんな私《わたし》たちの身近にある牛乳は、いったいどうやってつくられているのでしょう。牛乳《ぎゅうにゅう》という名前のとおり、それは牛のおっぱいからしぼられるお乳《ちち》です。お母さん牛は、子牛の成長《せいちょう》のために、栄養《えいよう》がたっぷりつまった牛乳をつくります。その牛乳を、人間は分けてもらっているのです。

牛たちの暮《く》らす「牧場《ぼくじょう》」では、お母さん牛たちが、毎日毎日、たくさんの牛乳をつくってくれています。牛たちの暮らす牧場とはいったいどんなところなのでしょう。たくさんの牛が暮らすところですから、きっととても広いところだと思うのではないでしょうか。

ところが実際《じっさい》には、日本のほとんどの牧場では、牛たちは身動きがとれないほどせまい小屋の中で飼《か》われているのです。牛たちの暮らす小屋のことを「牛舎《ぎゅうしゃ》」と呼《よ》びます。牛舎の中にいる牛たちは、自由に歩くこともできません。外に出ることもできないため、自分でえさを探《さが》しにいくこともできません。決まった時間に、人間から与《あた》えられるえさを待つしかないのです。

ほとんどの牧場《ぼくじょう》では、牛に穀物《こくもつ》のえさをたくさん与《あた》えます。しかし、牛は本来、草を食べる生き物です。食べ物を消化する胃《い》のつくりも、草を食べるようにできています。人間が自然《しぜん》の草を食べても消化できないように、牛も、穀物のえさをたくさん食べつづけると、体がおかしくなってしまいます。ほとんど運動もできずに、体に合わないえさを食べつづける牛たちは、５、６年もすると体をこわしてしまいます。牛乳《ぎゅうにゅう》を出せなくなった牛たちは、すぐに食肉用の牛として出荷《しゅっか》され、殺《ころ》されてしまいます。ほとんどの牛は、せまい牛舎《ぎゅうしゃ》の中で、空を見上げることも、自然の草を食べることもなく、そこで一生を終えていくのです。

牧場の牛は、広い草原で飼《か》われていると思っている人もいるかもしれません。牛乳パックにも、よくそんな絵が描《えが》かれています。その絵の中では牛たちは、青空の下でゆったりと、自然の草を食べています。でも実際《じっさい》には、日本のほとんどの牧場《ぼくじょう》では、牛たちはせまい牛舎《ぎゅうしゃ》の中で暮《く》らしているので、牛《ぎゅう》乳《にゅう》パックの絵のような光景《こうけい》は、ほとんど見ることのできないものなのです。

「うちの牧場では、牛たちは自由に大自然《だいしぜん》の中で暮らしているんだよ」

そう語るのは、「なかほら牧場」の牧場長、中洞正《なかほらただし》さんです。よく日に焼《や》けた笑顔《えがお》に、白髪《はくはつ》を包《つつ》む黄色いバンダナ、腰《こし》には年季《ねんき》の入った〝なた〟をさし、足元には山仕事用の地下足袋《じかたび》をはいています。

「なかほら牧場」は岩手県北部の山の中にあります。山全体が牧場となっている「なかほら牧場」では、牛たちはせまい牛舎に押《お》しこめられることもなく、自分でえさを探《さが》し、自然の草を食べて暮らしています。ほかの牧場とはちがい、今ではめずらしい「※放牧酪農《ほうぼくらくのう》」をおこなっている牧場なのです。

そんな「なかほら牧場」でつくられる牛乳は、ふつうに売られている牛乳とはまるでちがうものになるといいます。その牛乳を飲んだ人たちは、こん

※放牧酪農：牛やヤギなどの家畜《かちく》を飼い、乳製品《にゅうせいひん》をつくる農業《のうぎょう》のことを酪農という。その中でも、牛舎《ぎゅうしゃ》の中ではなく、外の放牧地で牛を飼う酪農を放牧酪農という。放牧酪農は、現在《げんざい》の日本ではほとんどおこなわれていない。

な感想を口にします。

「こんなにおいしい牛乳《ぎゅうにゅう》は飲んだことがない！」

「まるで牛乳じゃないみたい！」

いったいなぜ、そんなに味がちがうのでしょう。中洞《なかほら》さんはこう言います。

「人間のお母さんだって、食べているものや健康状態《けんこうじょうたい》、ストレスなんかでおっぱいの味や成分《せいぶん》が変わるんだ。牛だっていっしょだよ。どんなえさを食べて、どんな環境《かんきょう》で飼《か》われているかによって、まったくちがう牛乳をつくるようになるんだ」

「なかほら牧場《ぼくじょう》」の牛たちは、大自然《だいしぜん》の中でストレスなく暮《く》らしています。牛舎《ぎゅうしゃ》の中で運動もできない牛たちとちがい、険《けわ》しい山の中で生きる牛たちは、とてもたくましく健康です。体に合った自然《しぜん》の草を食べているため、胃《い》の調子がおかしくなることもありません。

牛舎《ぎゅうしゃ》で飼《か》われている牛たちは、5、6年で体をこわしてしまうと言いましたが、「なかほら牧場《ぼくじょう》」の牛たちは、20年近くも生きるのです。そうやって自然《しぜん》のままに牛を飼うことで、ほかの牛乳《ぎゅうにゅう》とはまったくちがう、とてもおいしく、栄養豊《えいようゆた》かな牛乳ができるのです。

それなのになぜ、ほとんどの牧場では、牛舎《ぎゅうしゃ》で牛を飼い、穀物《こくもつ》のえさを与《あた》えているのでしょうか。それは、そのほうが安い値段《ねだん》で、たくさんの牛乳をつくることができるからなのです。穀物のえさを食べる牛は、自然の草を食べる牛より、4倍も5倍もたくさんの牛乳をつくります。たとえ牛たちが体をこわしてしまい、数年で死んでしまっても、またすぐに新しい牛が連《つ》れられてきます。

このように、牛舎と穀物のえさで牛を飼い、なるべくたくさんの牛乳をつくる酪農《らくのう》のことを「近代酪農」と呼《よ》びます。近代酪農が登場するまでの日本の酪農《らくのう》は、「なかほら牧場《ぼくじょう》」と同じように、牛を外に放牧《ほうぼく》して、草を食べさせるものでした。牛の成長《せいちょう》も健康《けんこう》も、自然《しぜん》にまかせるのです。ところがそういったやりかたでは、近代酪農にくらべて少ない量《りょう》しか牛乳《ぎゅうにゅう》をつくることが、できません。もしどの牧場でも「なかほら牧場」のように牛を育てていたら、スーパーにならぶ牛乳も、だいぶ減《へ》ってしまうでしょう。値段《ねだん》も高くなり、牛乳を飲みたい人が、牛乳を買えなくなってしまうかもしれません。そう考えると、やっぱりたくさんの牛乳をつくることができる近代酪農のほうがよいのでしょうか。

どちらがよいのか、それを決めるのは牛乳を買う人たちです。少しくらい味が悪くても、栄養分《えいようぶん》が劣《おと》っていても、安く買えるほうがいいという人もいるかもしれません。でも、たくさんの牛乳を安くつくるために、そのかげで牛たちが、空を見上げることもなく、草を食べることもなく暮《く》らしていると知ったら、みなさんは本当にうれしいでしょうか？

中洞《なかほら》さんはこう言います。

「たとえ毎日牛乳《ぎゅうにゅう》を飲めなくても、しあわせに暮《く》らす牛から、すこやかでおいしい牛乳を分けてもらうほうが、みんなうれしいとおれは思うんだ。おれは牛が大好きだから、そんな、牛がしあわせに暮らす牧場《ぼくじょう》をつくったんだよ」

しあわせな牛たち

「なかほら牧場」があるのは、岩手県の下閉伊郡岩泉町《しもへいぐんいわいずみちょう》。牧場までは、新幹《しんかん》線《せん》のとまる盛岡駅《もりおかえき》から、車で2時間以上《いじょう》かかります。街《まち》から離《はな》れた細い道を進んでいくと、野生のタヌキやシカがとびだしてくることもあるそうです。

小川の横を走る道は、右に左に曲がりながら、どこまでも続《つづ》いています。少しずつ標高《ひょうこう》が高くなるにつれて、空気が冷《つめ》たくなってきました。真冬になると、気温はマイナス20度近くまで冷《ひ》え、雪も多いときには2メートルくらい積《つ》もる地域《ちいき》です。このような地域の、標高700メートル以上《いじょう》の山の上に、「なかほら牧場」はあります。

牧場のある山は、遠くから見てもすぐにわかります。山肌一面《やまはだいちめん》に、きれいな緑の芝生《しばふ》が広がっているのです。細い山道を進み、急な坂道を登りきると、やっと牧場に到着《とうちゃく》しました。冬は雪に包《つつ》まれる牧場ですが、夏の朝はひんやりとした空気が気持ちよく、少しずつ太陽にあたためられる山の中を、鳥たちがさえずりながらとびまわっています。

山のふもとには、牧場の事務所《じむしょ》が建《た》っています。事務所の壁《かべ》は、いつでも山のようすが見えるようにと、全面ガラス張《ば》りになっています。その事務所から続《つづ》くのが、キッチンや食堂《しょくどう》、お風呂《ふろ》などがある宿泊棟《しゅくはくとう》で、中洞《なかほら》さんもここで暮《く》らしています。

少し下ったところには牛舎《ぎゅうしゃ》があります。ふつうの牧場では、牛たちは牛舎の中から出ることなく暮らしていますが、「なかほら牧場」では、牛たちは山の中で暮らしています。この牛舎《ぎゅうしゃ》は、牛たちが暮らすためではなく、牛乳をしぼるときに使う建物《たてもの》なのです。

牛たちは毎日朝と夕方、牛乳をしぼる時間になると、自分たちから山を下りてきてくれます。昼寝《ひるね》をしていたり、食事に夢中《むちゅう》になったりしている牛も、スタッフが呼《よ》びにいくとすぐに下りてきてくれます。それ以外の時間は、牛たちは自由に好《す》きな場所ですごしているため、牛舎の近くを見わたしても牛の姿《すがた》は見あたりません。どうやら牛たちは、まだ山の向こうでゆっくりと草を食べているようです。そんな牛たちのようすを中洞《なかほら》さんといっしょに見にいってみましょう。

中洞さんがひょいっと乗りこんだのは、屋根のない黄色いジープ。ずいぶんと古い車のようですが、エンジンをかけると「ブロロロ……！」と、力強い音を響《ひび》かせました。アクセルを踏《ふ》みこむと、でこぼこ道をものともせず、ジープは勢《いきお》いよく坂道をのぼっていきます。車が後ろに転げおちそうになるほどの坂道ですが、中洞《なかほら》さんは見事なハンドルさばきで進んでいきます。

急な坂を登りきると、遠くまで山の広がる景色《けしき》があらわれました。それはまるで、どこまでもつづく緑のじゅうたんのようです。このいくつもの山が、「なかほら牧場《ぼくじょう》」の放牧地《ほうぼくち》なのです。青い空の下に広がる芝生《しばふ》の上では、たくさんの茶色いなにかが動いています。

いました！　牛です。何十頭もの牛たちが、山の中の牧草地で、のんびりと草を食べているのです。あたたかい日ざしを浴《あ》びながら寝《ね》ている牛もいれば、お母さんのおっぱいにしゃぶりつく子牛や、友だちとかけっこをしている子牛もいます。

牛乳をしぼる牛というと、ふつうは白と黒の模様《もよう》が入ったホルスタインという種類《しゅるい》の牛を思いうかべますが、「なかほら牧場《ぼくじょう》」の牛は、ジャージー種という茶色い牛がほとんどです。ホルスタインよりもひとまわり小柄《こがら》な体つきですが、長いまつ毛の下からのぞくかわいらしい瞳《ひとみ》が特徴的《とくちょうてき》です。

ジープが近づいていっても、牛たちは気にせず草を食べています。長い舌《した》で器用《きよう》に芝生《しばふ》をちぎり取りながら、興味《きょうみ》深そうに車をながめています。なかには、「中洞《なかほら》さんが遊びにきたぞ」と、のっそりと起きあがり、ジープに近づいてくる牛たちもいます。

一頭の牛が、中洞さんに顔を寄《よ》せて、中洞さんのほおをなめはじめました。

「いててて……」と中洞さんは言いますが、その顔はうれしそうです。牛たちの舌の表面は、がんじょうな野草でもちぎり取れるように、まるでヤスリのようにザラザラしているのです。顔をなめられると少し痛《いた》いのですが、これも牛たちが甘《あま》えているんだと思うと、中洞《なかほら》さんもうれしいのです。中洞さんが牛の鼻の頭をかいてあげると、牛も気持ちよさそうに目を細めます。

いつのまにかジープは牛たちに囲《かこ》まれてしまいました。

「ほらほら、これじゃあ車が通れないじゃないか、どいたどいた！」と、中《なか》洞《ほら》さんがクラクションを鳴らしても、牛たちはまるで動きません。ジープがそろりと動きだすと、やっと牛たちも大きな体をどけて道をゆずってくれました。

「あの林の先にも行ってみよう」と、中洞さんは再びジープのアクセルをふかし、まるでジェットコースターのように山肌《やまはだ》を下っていきます。

林に入ると、ひんやりとした土のにおいに包《つつ》まれました。小川では、牛たちがのどをうるおしています。ときおり水面にきらりと光るのはイワナのようです。緑のトンネルを抜《ぬ》けると、そこにも芝生《しばふ》が広がっており、のんびりとすごす牛たちがいました。

「この牧場《ぼくじょう》では、牛たちは好《す》きな場所で寝《ね》て、好きなときに好きなだけ草を食べるんだ。世話なんてほとんどしないんだよ。牛たちはこの広い山の中で自由に暮《く》らす。牛たちがしあわせに暮らしているからこそ、おいしい牛乳《ぎゅうにゅう》がしぼれるんだ」

牛をながめる中洞《なかほら》さんの表情《ひょうじょう》はおだやかです。なんだか、牛も人もしあわせそう。でも、こんなすてきな牧場をつくるためには、中洞さんは何十年も挑戦《ちょうせん》しつづけなければいけませんでした。この本はそんな、しあわせに生きる牛たちと、中洞さんの挑戦の物語です。

もくじ

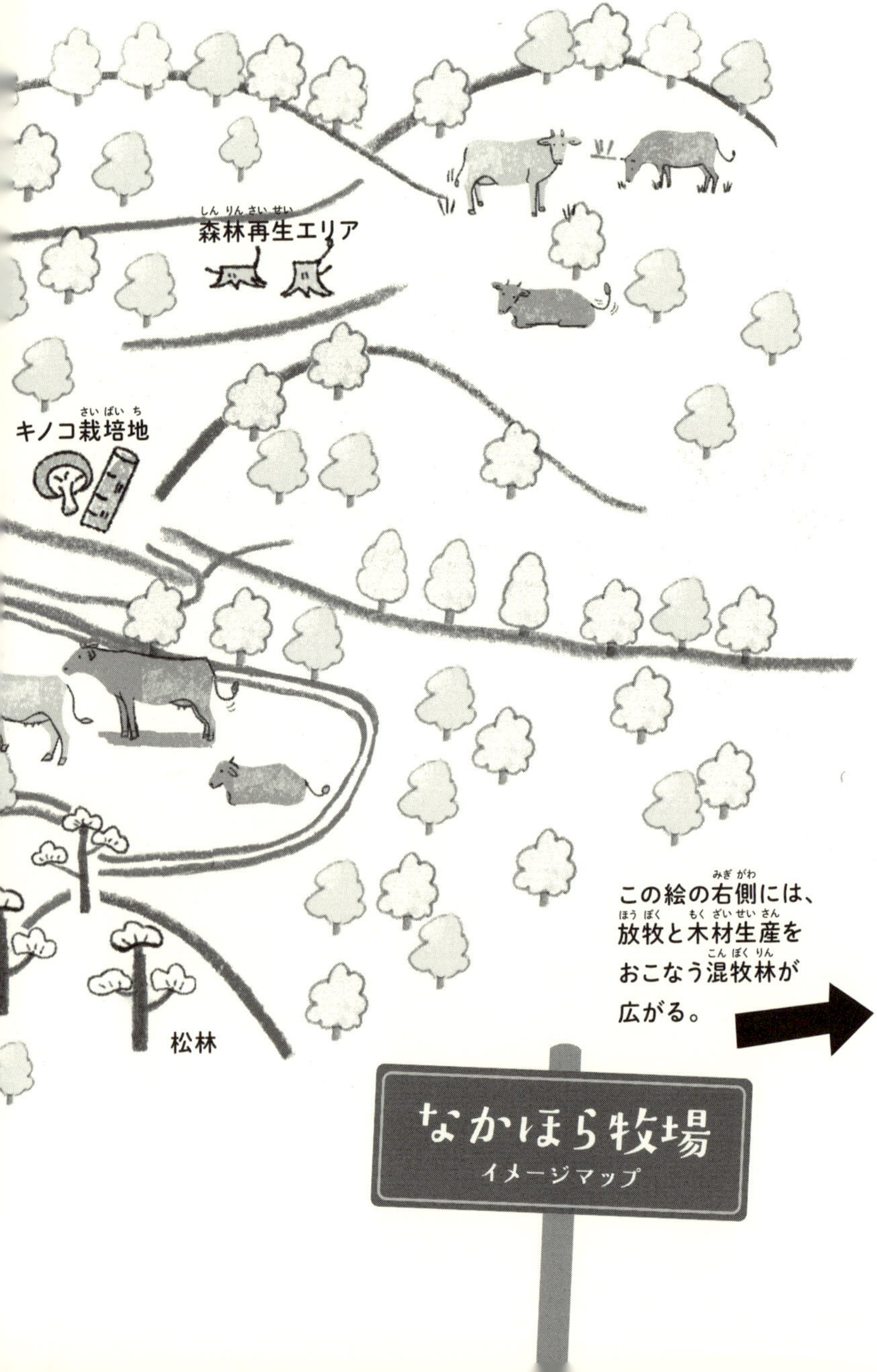
森林再生《しんりんさいせい》エリア
キノコ栽培地《さいばいち》
松林
この絵の右側《みぎがわ》には、放牧《ほうぼく》と木材生産《もくざいせいさん》をおこなう混牧林《こんぼくりん》が広がる。
なかほら牧場
イメージマップ

三角山
開拓中《かいたくちゅう》エリア
水飲み場
子牛広場
研修棟《けんしゅうとう》
プラント
牛舎《ぎゅうしゃ》
中洞牧場

第1章

おれは牛《うし》飼《か》いになる！

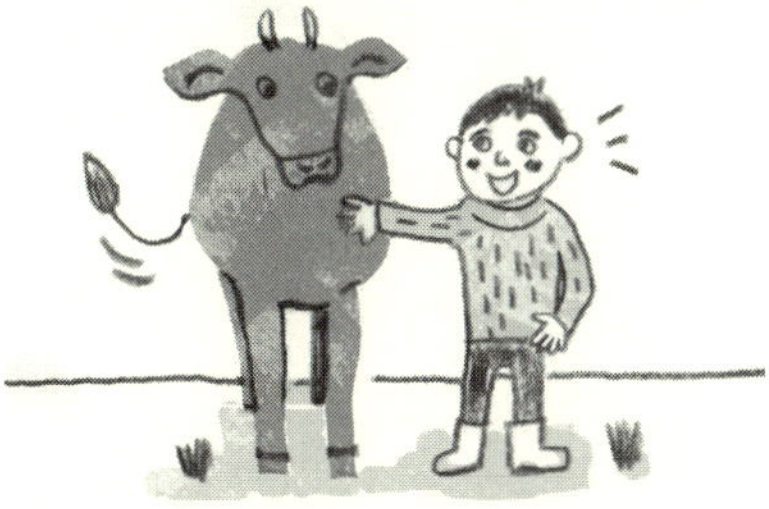

牛飼《うしか》いはあこがれの仕事

中洞《なかほら》さんは、1952年に、岩手県宮古市《みやこし》の佐羽根《さばね》という小さな村に生まれました。村のまわりは高い山に囲《かこ》まれ、そばにはたくさんの野生動物のすむ森がありました。

人びとの生活は、今とはまったくちがうものでした。そのころは、田舎《いなか》の小さな村にはガスも水道も通っていなかったのです。ガスがないと、火をおこすのも大変《たいへん》です。料理《りょうり》をしたり、お風呂《ふろ》をわかしたりと、火は人間の生活には欠《か》かせません。村の人たちは、近くの森で枯《か》れ枝《えだ》を拾って、火をおこすための材料《ざいりょう》にしていました。水道もないため、人びとは近くの小川や井戸《いど》の水を使っていました。車もあまり走っていません。町に出るには、1時間以上も歩かなければいけませんでした。

村の家は、「南部曲がり屋」というL字型《がた》のつくりの家で、人間の生活する母屋《おもや》から、※土間《どま》を通じて馬小屋とつながっています。人と馬が、いっしょに生活できるようにつくられた家なのです。その昔、馬は、トラクターのかわりに農作業をおこなったり、トラックのかわりに木材《もくざい》などを運んだりと、人間の生活に欠《か》かせないものでした。また、馬の糞《ふん》は、畑の野菜《やさい》に栄養《えいよう》を与《あた》える肥料《ひりょう》としても、とても大切なものでした。ところが、中洞《なかほら》さんが生まれたころには、その馬小屋では馬のかわりに牛を飼《か》うようになっていました。日本全国で、牛を飼うことがさかんになっていた時期だったのです。

牛乳《ぎゅうにゅう》は、田舎《いなか》の生活を支《ささ》える大切な収入源《しゅうにゅうげん》となっていったのです。小さな村の中でも、牛を飼《か》っていない家は2、3軒《けん》しかありませんでした。中洞さんは生まれたときから、牛といっしょに暮《く》らしてきたのです。

ひいおじいちゃんとひいおばあちゃん、おじいちゃんに、おばあちゃん。

※**土間**：家の中ではあるけれど、床《ゆか》がはられていない場所。屋内での作業や、炊事《すいじ》をおこなうのに利用される。

そしてお母さんとたくさんの兄弟たち。中洞《なかほら》さんの家はいつもにぎやかでした。お父さんは「馬喰《ばくろう》」と呼《よ》ばれる、牛や馬を売り買いする仕事をしていたため、いつも日本全国をとびまわり、あまり家には帰ってきませんでした。

大人《おとな》たちは、朝早くから日が沈《しず》むまで、まっ黒になるまで畑仕事をしていました。家のすぐ近くにある畑では、自分たちが食べるためのヒエやアワ、ムギ、ダイズなどの穀物《こくもつ》や、ハクサイやダイコンなど、いろいろな種類《しゅるい》の野《や》菜《さい》を育てていました。村にはスーパーマーケットもありません。自分たちの食べるものは、自分たちでつくっていたのです。中洞さんもよく家の近くを歩き、ドングリやトチの実など、食べられる木の実を集めて歩きました。ドングリは、そのままでは苦くて食べられないのですが、殻《から》と薄皮《うすかわ》をむき、何度も鍋《なべ》で煮《に》こむことで、苦みが抜《ぬ》けて食べられるようになるのです。

幼《おさな》いころの中洞さんは、農作業はあまり好《す》きではありませんでしたが、牛の世話は誰《だれ》よりも率先《そっせん》しておこないました。自分よりも何倍も大きな牛たちが、小さな中洞《なかほら》さんに甘《あま》えてくるのがかわいくてしかたなかったのです。ときには近くの牧草地《ぼくそうち》まで、牛たちに草を食べさせるために、一人で放牧《ほうぼく》に連《つ》れていくこともありました。今のように、牛を柵《さく》で囲《かこ》むのではなく、牛に入られたら困《こま》る、畑や田んぼのほうを柵で囲む、牛を中心とした放牧でした。

牛たちは村の近くの原っぱで、おいしそうに草を食べています。中洞さんも自分で草を刈《か》り、牛たちのところに持っていきました。中洞さんの小さな手から与《あた》えられた草を、牛たちがおいしそうにほおばると、中洞さんもしあわせな気持ちになりました。牛たちの黒くすきとおった瞳《ひとみ》を見ていると、いつまでたっても飽《あ》きません。

そんな牛たちが毎日つくってくれる牛乳《ぎゅうにゅう》は、中洞《なかほら》さんの大好《だいす》きなごちそうでした。牛には4つの乳頭《にゅうとう》※があります。その乳頭を力いっぱいにぎりしめる

※**乳頭**：牛のおっぱいの先についている細長い乳首《ちくび》。ここをしぼると牛乳が出る。

と、その先から、白く細い糸のように牛乳《ぎゅうにゅう》が出てきます。それをバケツにため、いっぱいになると、もっと大きな牛乳缶《ぎゅうにゅうかん》に移《うつ》します。中洞《なかほら》さんのお母さんは、ひと抱《かか》えほどもある大きな牛乳缶を背負《せお》い、山の向こうの集乳所《しゅうにゅうじょ》※までを運びにいきました。あまった牛乳は鍋《なべ》に入れられ、いつも食卓《しょくたく》の上にありました。中洞さんはごはんを食べたあと、おたまですくった牛乳をお茶碗《ちゃわん》に注ぎ、おなかいっぱい飲みました。ごはんに直接《ちょくせつ》かけて食べることもありました。

なかでもお気に入りの食べかたがあります。しぼりたての牛乳を鍋に入れ、弱火でゆっくり沸騰《ふっとう》させます。牛乳はあたためられると、その表面から少しずつ固《かた》まっていき、薄《うす》い湯葉《ゆば》のような膜《まく》ができるのです。その膜をすくってお椀《わん》に入れ、ごはんといっしょにお箸《はし》でつまんで口に運びます。ちょっぴり醤油《しょうゆ》をたらしてもよく合います。ほかほかと湯気《ゆげ》をあげる牛乳の膜は、口の中でとろけるようでたまりません。

※**集乳所**：地区の牛乳を集めて出荷《しゅっか》するため、トラックに積《つ》みこむ場所。

中洞《なかほら》さんにとって、牛たちは大切な友だちであり、自分が責任《せきにん》をもって世話をする※家畜《かちく》でもありました。冬になり、牛たちが外で草を食べられなくなると、鍋《なべ》で煮《に》たカブやダイコン、ジャガイモなどの野菜《やさい》を、細かくきざんで与《あた》えました。中洞さんは、牛の世話なら、家族の誰《だれ》にも負《ま》けない自信《じしん》がありました。近所にはたくさんの牛飼《うしか》いがいますが、中洞さんはその中でも最年少《さいねんしょう》の牛飼いだったのです。村には、「牛飼いの名人」と呼《よ》ばれるようなおじいちゃんも住んでいました。今では考えられないことかもしれませんが、そのころの「牛飼い」といえば、村の子どもたちにとってあこがれの仕事だったのです。

「おれもいつか、牛飼いの名人になりたい。ああいう、かっこいい仕事がしたい」と、中洞さんは自然《しぜん》とそう思うようになっていきました。

※家畜：生活に役立てるために、人間が飼育《しいく》する動物。牛や馬、ニワトリや羊など。

「山上げ」の記憶《きおく》

そんなある日のことです。仕事で全国をとびまわっているお父さんが、久《ひさ》しぶりに村に帰ってきていました。中洞《なかほら》さんが、いつものように牛の世話をしていたとき、お父さんがこう言いました。「明日の朝、山上げにいくぞ。ついてくるか？」。まだ中洞さんが小学校に入学する前のことです。幼《おさな》い中洞さんにとって、「山上げ」という言葉を聞くのは初《はじ》めてのことでした。初めて聞く言葉に興味《きょうみ》を持った中洞さんは、「うん、ついていく！」とこたえると、朝を楽しみに布団《ふとん》にもぐりこみました。

次の日の朝早く、中洞さんはお父さんに起こされました。

「さあ、起きるんだ。着がえたら、牛を連《つ》れていくぞ」

中洞さんはあわてて着がえると、お父さんの背中《せなか》を追《お》って家を出ました。

この地域《ちいき》では、毎年春になると「山上げ」といって、牛乳《ぎゅうにゅう》の出ない時期の牛たちを集めて、山の上にある牧草地《ぼくそうち》に連《つ》れていくのです。そこにはそんな牛たちのめんどうを見る「牛飼《うしか》いの名人」がいて、山で生活をしながら牛を育てます。当時はそういった「山上げ」のための牧草地が山のあちこちにありました。その朝は、中洞《なかほら》さんの家の牛を一頭、「山上げ」に連れていく日だったのです。

うっすらとした太陽の光が、やっと山の向こうから届《とど》きはじめる夜明けごろでした。ほおを朝つゆでぬらしながら、中洞さんはお父さんのあとを追《お》って山に入りました。その小さな手には牛をつないだひもがにぎられています。森の中のしっとりとした土を踏《ふ》みすすみながら、中洞さんは、新鮮《しんせん》な冷《つめ》たい空気を胸《むね》いっぱいに吸《す》いこみました。

だんだん森の深くなる山は、しんと静《しず》まりかえっています。「いったい、

「いつまで歩くんだろう」と中洞《なかほら》さんが思ったそのとき、突然《とつぜん》森を抜《ぬ》け、目の前に緑の草原が広がったのです。草原の真ん中には、何百年も生きているような、大きな木がまっすぐに立っていました。そのかたわらを、うっすら白い霧《きり》が、風にのってゆったりと流れていきます。白い霧の中には、ぼんやりと浮《う》かんでは消える、大きな黒い影《かげ》がありました。

「あれは何だろう？」と、中洞さんはよく目をこらして見ました。その瞬間《しゅんかん》、白い霧の切れ間から、ぬうっと動物の顔が現れたのです。

「牛だ！　それもこんなにたくさん！」と、中洞さんはおどろきました。

何十頭もの牛たちが、霧の中をゆるやかに歩いています。牛のひづめが湿《しめ》った土を踏《ふ》みしめる音と、むしゃり、むしゃりと、草をほおばる音があちこちで響《ひび》いていました。やわらかな朝日がその景色《けしき》を照《て》らし、まるで夢《ゆめ》の世界のようです。家から少ししか離《はな》れていない山の上で見たこの光景《こうけい》は、中洞さ

んの心の奥底《おくそこ》まで、深い感動を残《のこ》しました。

「なんてきれいなんだろう。おれもいつか、こんな牧場《ぼくじょう》をつくりたいな」

その思いは、小学生になっても変《か》わることはありませんでした。学校から帰ると、まずは牛たちの世話をしにいきます。放牧《ほうぼく》に連《つ》れていったり、牛乳《ぎゅうにゅう》をしぼったり、大人《おとな》も顔負《かおま》けの働《はたら》きぶりです。「おれは将来牛飼《しょうらいうしか》いになるんだ！」と、友人たちにもよく自慢《じまん》していました。大好《だいす》きな牛たちと、のんびり大自然《だいしぜん》の中で暮《く》らしていく。それが中洞《なかほら》さんにとっての夢《ゆめ》でした。森でまき※を拾ったり、川の水をくんできたりと、毎日の生活は大変《たいへん》でしたが、牛といっしょにすごしながら、地面に寝《ね》そべって空を見ていると、とてもしあわせな気持ちになるのです。

ところがこのころから、村の生活が急激《きゅうげき》に変わりはじめたのです。各家庭《かくかてい》ではテレビや冷蔵庫《れいぞうこ》といった電化製品《でんかせいひん》が利用《りよう》されるようになりました。道路

※**まき**：料理をしたりお風呂《ふろ》をわかしたりするために、燃料《ねんりょう》として燃やす細い枝《えだ》や割《わ》り木。

も整備《せいび》され、都会と村を行き来する自動車を目にすることも多くなりました。村では見たことのないものを販売《はんばい》するトラックもときどきやってきます。人びとはおしゃれな服に身を包《つつ》むようになり、都会で働《はたら》く若者《わかもの》も増《ふ》えました。それまでは「牛飼《うしか》いになりたい」と言っていた村の子どもたちも、「いつか都会で働きたい」、「こんな小さな村は出ていきたい」と口にするようになりました。

それまでは、村でお金をかせぐ方法《ほうほう》といえば、牛たちのつくった牛乳《ぎゅうにゅう》を売ったり、冬につくる※凍《し》み豆腐《どうふ》を売ったりするくらいしかありませんでした。でもそれだけでは、つぎつぎと登場する新しい電化製品《でんかせいひん》や、おしゃれな服、自動車も買えません。村の若者《わかもの》たちは、中学校を卒業《そつぎょう》すると、都会で働くために、村を出ていくようになりました。

そんな中、中洞《なかほら》さんだけは「おれは都会になんか行かない、牛飼いになる

※**凍み豆腐**：豆腐を凍《こお》らせたあとに乾燥《かんそう》させた豆腐。高野豆腐《こうやどうふ》ともいう。

んだ！」と言いつづけていました。幼《おさな》いときに「山上げ」で見たあのきれいな景色《けしき》が忘《わす》れられなかったのです。中洞《なかほら》さんが中学生になっても、その思いは強くなる一方でした。「牛なんか飼《か》わなくても、お金を出せば牛乳《ぎゅうにゅう》が買えるじゃないか」とまわりが言っても、中洞さんは聞きません。中洞さんは牛乳を飲みたいから牛飼《うしか》いになりたいわけではないのです。大好《だいす》きな牛たちと、ずっといっしょに生きていきたいのです。

中学校の卒業《そつぎょう》が近づいても、中洞さんは「牛飼い」以外《いがい》の将来《しょうらい》は考えられませんでした。そのため、「おれは牛飼いになるんだから学校の勉強なんかいらないんだ」と、勉強はそっちのけで、ますます牛の世話ばかりをする毎日です。ところが、そんな中洞さんを心配した叔父《おじ》さんが、こう言いました。

「時代はどんどん変《か》わっているんだ。牛飼《うしか》いなんかやっていても、生活をしていくだけのお金をかせぐこともできないぞ。これからの時代は、きちんと高校や大学にも進学して、新しいことをどんどん学んで、都会で働《はたら》かなければ生きていけないぞ」

それでも、頑固《がんこ》な中洞《なかほら》さんは、「いや、おれは牛飼《うしか》いとして生きていく！」と聞きませんでした。友人たちにも「ベコ(牛)バカ」と呼《よ》ばれていましたが、中洞さんは気にするようすもありません。なかばあきれながらも、叔父《おじ》さんは説得《せっとく》を続《つづ》けました。

「どれだけ牛飼いになりたいかはわかった。でも、まずは高校に入ってから考えてみればいい。もし本当に高校の勉強が必要《ひつよう》ないと思ったら、そのときは高校をやめたらいいいだけじゃないか」

それを聞いて中洞さんも、「受験《じゅけん》するだけしてみるか」と、しかたなく高校を受験することになりました。

翌年《よくとし》の春、入学する気もなかった高校に受かった中洞さんは、授業《じゅぎょう》がつまらなくてしかたありません。「おれは牛飼《うしか》いになりたいんだ。机《つくえ》に向かって勉強してたって、牛のことなんてわかりゃしないじゃないか」と、たった1か月でその高校をやめてしまいました。おどろいた家族は、「その高校が合わなかっただけかもしれないから」と、ちがう高校への転入手続《てんにゅうてつづ》きをしてくれたのですが、中洞《なかほら》さんはその高校も、1週間でやめてしまいました。中洞さんの目には、いつか自分がつくりあげる理想の牧場《ぼくじょう》しか映《うつ》っていなかったのです。

「やりたくないことはやらない。自分の生きかたは自分で決める。おれは牛飼いになるんだ！」

そう叫《さけ》ぶ中洞さんに、周囲《しゅうい》もあきらめざるをえませんでした。

しかし実際には、これから先どうやって生きていけばよいのか、中洞さんにもわかりません。今までと同じように毎日、牛の世話は続《つづ》けていますが、牛乳《ぎゅうにゅう》から得《え》られる収入《しゅうにゅう》だけでは、とても生活していけません。今は実家で暮《く》らしているからよいものの、いずれひとり立ちをしようと思っても、収入を増《ふ》やす方法《ほうほう》がわからなかったのです。

「まあいいか。今はこうやって牛たちとのんびり暮らせているんだ。何とかなるだろう」

そう気楽にすごしていた中洞《なかほら》さんですが、そうも言ってられなくなりました。お父さんが事業で失敗《しっぱい》し、一気に生活が苦しくなったのです。中洞さんのお母さんは、家計を支《ささ》えるために、埼玉《さいたま》の牧場《ぼくじょう》へと出※かせぎに行くことになりました。

中洞さんも、収入にもならない牛飼《うしか》いを続《つづ》けている余裕《よゆう》はありません。お母さんが家を出ていったあと、中洞さんはしばらく悩《なや》んだ末、こう考えました。

※**出かせぎ**：家族のいる地元を離《はな》れて、ほかの地域《ちいき》で暮《く》らしながら働《はたら》くこと。

「どうせなら、母ちゃんの行く牧場《ぼくじょう》でおれも出かせぎできないだろうか。お金もかせげるし、何より、都会の牛飼《うしか》いを見るいいチャンスかもしれない。いつか自分の牧場をつくるためにも、いろんな牛飼いを見ておかないとな」

そう決めると、あとは行動するだけでした。中洞《なかほら》さんは荷物をまとめると、翌朝《よくあさ》には汽車にとび乗り、お母さんの働《はたら》く埼玉《さいたま》の牧場《ぼくじょう》をめざしていました。

近代《きんだい》酪農《らくのう》との出あい

中洞さんが一人で故郷《こきょう》を離《はな》れるのは初《はじ》めてのことでした。汽車の窓《まど》の外に流れる景色《けしき》を見ながら、中洞さんはこれからの生活のことを考えました。まだ16歳《さい》の中洞さんですが、牛の世話にかけては、村の誰《だれ》にも負《ま》けない自信《じしん》がありました。都会ではどんな酪農《らくのう》をやっているのか、まったく想像《そうぞう》もつきませんでしたが、不安《ふあん》よりも、わくわくした気持ちでいっぱいでした。

あたりが真っ暗になったころ、ようやく埼玉《さいたま》の牧場《ぼくじょう》にたどり着きました。お母さんが出むかえてくれて、牧場のすみにあるプレハブの小屋に荷物を運びこみました。ここが今日から中洞《なかほら》さんの家なのです。いったいどんな毎日が始まるのだろうかと思いながら、古びた布団《ふとん》にもぐりこみました。明日の朝早くから、ここでの仕事が始まるのです。

翌朝《よくあさ》、牧場長に案内《あんない》されて牧場を見てまわりました。その光景《こうけい》は今まで中洞さんが見たこともないものでした。その牧場では100頭以上《いじょう》もの牛が飼《か》われているのです。こんなにたくさんの牛を一度に目にするのは初《はじ》めてでした。何より中洞さんがおどろいたのは、この牛たちが、一日中外に出ることもなく、牛舎《ぎゅうしゃ》の中で暮《く》らしているということでした。

外に出ることもなく、歩くこともできないほどせまい空間にいるたくさんの牛に、中洞《なかほら》さんはすっかり圧倒《あっとう》されてしまいました。ぽかんとしている中洞さんに、牧場長《ぼくじょうちょう》が説明します。

「こういう牧場を見るのは初《はじ》めてかい？　牛の飼《か》いかたは、今どんどん変《か》わってきているんだ。数頭の牛をのんびり飼うのではなく、最新《さいしん》の技術《ぎじゅつ》と知識《ちしき》で牛を管理《かんり》する。いかに効率《こうりつ》よく、それぞれの牛からたくさんの牛乳《ぎゅうにゅう》をしぼることができるかを追求《ついきゅう》するんだ。昔ながらのやりかたとはまったくちがう。この酪農方法《らくのうほうほう》を『近代酪農』と呼《よ》ぶんだよ」

「近代酪農」――それは中洞さんが初めて耳にする言葉でした。牛飼いといえば、近所の原っぱに牛を放牧《ほうぼく》するのが仕事だと思っていました。しかしここの牛たちは、自由に外に出ることもできなければ、放牧に連《つ》れていかれることもありません。牛の飼いかたなら何でも知っていると思っていた中洞さんですが、歩くこともできず、毎日決まった時間に人間から与《あた》えられるえ

さを待つ牛たちは、中洞《なかほら》さんが今まで見てきた牛たちとは、まるでちがう生き物のようでした。

牛たちは牛舎《ぎゅうしゃ》の中で生活をしているため、糞《ふん》も牛舎の中でします。体の大きい牛の糞尿《ふんにょう》は1日に20～30キログラムにもなります。それが100頭もの数になると、当然《とうぜん》すさまじい量《りょう》になります。田舎《いなか》で飼《か》っていた牛はせいぜい数頭でしたし、外に放牧《ほうぼく》しているときは牧草地《ぼくそうち》にそのまま排《はい》せつするため、人間が片《かた》づける必要《ひつよう》はありません。自然《しぜん》の中で排せつされた糞尿は、虫や動物、さまざまな微生物《びせいぶつ》などの力をかりて、時間をかけて栄養豊《えいようゆた》かな土になるからです。しかし牛舎内の糞尿は、片づけないといくらでもたまっていってしまいます。スコップを使い、人力でそれらの糞尿を片づけるのは大変《たいへん》な作業でした。

外を自由に歩く牛とちがって、牛舎内で運動もできない牛のつめは、すり減《へ》ることもなくのび放題《ほうだい》になるため、これも定期的《ていきてき》に人間が切らなければいけません。

えさをやるのも大変《たいへん》です。中洞《なかほら》さんが田舎《いなか》で飼《か》っていた牛たちは、外に連《つ》れていけば勝手に草を食べてくれましたが、ここではすべて人間が与《あた》えなければいけません。十分に食べさせるだけの草を育てるのも大変《たいへん》なため、この牧場《ぼくじょう》ではいろいろな食べ物を牛に与えていました。近所の農家から干《ほ》した草をもらってくることもありましたが、たいていは人間の食べのこしやモヤシ、バナナなど、牛が食べられるものなら何でもえさにして与えていました。

「濃厚飼料《のうこうしりょう》」や「配合飼料《はいごうしりょう》」と呼《よ》ばれるえさがあるということも、中洞さんは初《はじ》めて知りました。牛は自然《しぜん》の草を食べる動物ですが、栄養《えいよう》の多い穀物《こくもつ》のえさを与えたほうが、たくさんの牛乳《ぎゅうにゅう》をつくることができるのです。そういったトウモロコシや大麦、小麦、大豆《だいず》などでつくられた穀物のえさのことを、

「濃厚飼料《のうこうしりょう》」と呼《よ》びます。
ところが、穀物《こくもつ》だけではビタミンやミネラルなど、牛に必要《ひつよう》な栄養分《えいようぶん》が足りなくなってしまいます。そこで人工的《じんこうてき》に栄養をくわえた「配合飼料」が開発されました。牛の成長《せいちょう》をはやめるホルモン剤《ざい》※や、病気にならないための抗《こう》生物質《せいぶっしつ》までくわえられたえさを食べる牛たちは、中洞《なかほら》さんの知っている田舎《いなか》の牛より、ひとまわりもふたまわりも大きくなります。

こういった近代酪農《きんだいらくのう》が生まれた背景《はいけい》には、牛乳《ぎゅうにゅう》を飲む人がどんどん増《ふ》えているという事情《じじょう》がありました。もともと日本では、牛乳を飲む人は今ほど多くありませんでした。それが、「牛乳は毎日欠《か》かせない健康食品《けんこうしょくひん》だ」と言われるようになると、たくさんの人が牛乳を飲むようになったのです。それぞれの家庭で冷蔵庫《れいぞうこ》が使われるようになると、腐《くさ》りやすい牛乳も長持ちするようになり、ますます牛乳は身近なものになっていきました。今までのように、

※ホルモン剤：日本では1998年に肥育《ひいく》ホルモン剤の製造《せいぞう》・輸入《ゆにゅう》が中止されたが、アメリカやカナダなど、主要《しゅよう》な牛肉輸出国では現在《げんざい》でも広く利用《りよう》されている。

数頭の牛をのんびり飼《か》っているだけでは、必要《ひつよう》な量《りょう》の牛乳《ぎゅうにゅう》をつくることができません。そのため、たくさんの牛から、できるだけ多くの牛乳をしぼれるようにと、近代酪農《きんだいらくのう》が考えられていったのです。

中洞《なかほら》さんは最年少《さいねんしょう》のスタッフとして、朝夕2回、10頭ずつの乳《ち》しぼりを担当《たんとう》することになりました。牛乳をしぼるには、その乳頭《にゅうとう》を力いっぱいにぎりしめる必要があります。幼《おさな》いころから乳しぼりには慣《な》れていた中洞さんですが、10頭しぼり終わったあとには両手に力が入りませんでした。指が曲がったままもどらず、ご飯《はん》のときにお箸《はし》やお茶碗《ちゃわん》が持てなくなることもありました。翌朝《よくあさ》にはなんとか指も元にもどり、また乳しぼりをおこないます。必死《ひっし》に働《はたら》く中洞さんは牧場長《ぼくじょうちょう》に気に入られ、近代酪農を手とり足とり教わっていきました。

「最先端《さいせんたん》の牛飼《うしか》い」をめざして

朝から晩《ばん》まで、牛の世話にあけくれる毎日でした。この牧場《ぼくじょう》の牛たちは、中洞《なかほら》さんの飼っていた牛の何倍もの牛乳《ぎゅうにゅう》を出します。しぼってもしぼっても出てくる牛乳には中洞さんもおどろきました。「しかしこれ以上《いじょう》たくさんの牛乳を出すようになったら、とてもしぼりきれないぞ」と、中洞さんは痛《いた》む指を見て思いました。

ちょうどそんなときに開発されたのが、「ミルカー」という新しい機械《きかい》です。牧場長に気に入られていた中洞さんは、その新しい機械が牧場にやってくると、一番に使いかたを教わりました。

ミルカーとは、乳《ちち》しぼりを自動でおこなう機械のことです。牛乳をためるタンクとホースでつながったミルカーには、４つの吸入口《きゅうにゅうぐち》がついています。

それをひとつひとつ牛の乳頭《にゅうとう》にくっつけると、まるで掃除機《そうじき》のように牛乳《ぎゅうにゅう》をしぼってくれるのです。吸《す》うだけでは牛の乳頭を痛《いた》めてしまうため、まるで手しぼりのように、自動でリズムをつけてしぼります。

中洞《なかほら》さんは、初《はじ》めてミルカーを使って乳《ちち》しぼりをしたときに、あまりの衝《しょう》撃《げき》で言葉が出てきませんでした。乳頭の汚《よご》れを布でふき、ミルカーを装着《そうちゃく》すると、あとはスイッチを押《お》すだけで、どんどん牛乳をしぼることができるのです。今まで何十分もかかっていた作業が、ほんの数分で終わってしまいました。指が動かなくなるほどに大変《たいへん》な仕事だった乳しぼりが、こんなにも簡《かん》単《たん》な作業になるなんて、中洞さんには信《しん》じられませんでした。

その牧場《ぼくじょう》では、「ひと腹《はら》しぼり」という飼《か》いかたもしていました。妊娠《にんしん》した牛を買ってきて、子牛を産《う》ませます。そのお母さん牛に、穀物《こくもつ》や配合飼料《はいごうしりょう》など、栄養《えいよう》たっぷりのえさをどんどん食べさせ、これ以上《いじょう》大きくなれないほど太らせて牛乳《ぎゅうにゅう》をしぼります。その後しばらくして牛乳が出なくなったら、肉牛として売りはらってしまいます。何度も子牛を産《う》ませるのではなく、1回の妊娠期間《にんしんきかん》だけ〝使い捨《す》て〟のように牛乳をしぼることから、この育てかたを「ひと腹《はら》しぼり」と呼《よ》んだのです。

新しい機械《きかい》にえさ、短期間で牛をどんどん入れかえる飼《か》いかた。「これが近代酪農《きんだいらくのう》というものか……」と、中洞《なかほら》さんはおどろいてばかりの毎日でした。田舎《いなか》の「牛飼《うしか》い」しか知らなかった中洞さんには、これからの酪農というものが、いったいどれだけ変《か》わっていくものなのか想像《そうぞう》もできませんでした。少年時代の中洞さんは、酪農そのものが変わっていく、まさにその時代の変わり目にいあわせたのです。

しかしその酪農方法《ほうほう》は、牛そのものも変えてしまうことに中洞さんは気づいていました。というのも、〝おかしな牛〟が数多く生まれてくるのです。

目が見えなかったり、立てなかったり、すぐに体をこわしたりと、自然放牧《しぜんほうぼく》で育てていたころには見たことのない牛が、次から次へと生まれてきました。人工的《じんこうてき》なえさは、たしかに牛のつくる牛乳《ぎゅうにゅう》の量《りょう》を増《ふ》やします。ところが牛の体は、そもそも草を食べるようにできているのです。穀物《こくもつ》のえさしか与《あた》えられない牛たちは、次から次へと体をこわしていきました。自由に歩くこともできないため、運動不足《うんどうぶそく》で自分の体重を支《ささ》えられないほどに太ってしまった牛もいます。近代酪農《きんだいらくのう》では、たくさんの牛乳をつくるために、牛の健康《けんこう》を犠牲《ぎせい》にしてしまっているのです。

中洞さんがあれだけ大好《だいす》きだった牛の瞳《ひとみ》も、どこか遠くを見ているようにうつろでした。近代酪農では、牛は「牛乳をつくる機械《きかい》」として、つねに人間に管理《かんり》されるものだったのです。しかしそんな近代酪農のありかたに、当時疑問《ぎもん》を持つ人はいませんでした。これからの酪農は、のんびり草を食べる牛のめんどうを見ていればよいというものではないというのです。よりすぐれた技術《ぎじゅつ》、革新的《かくしんてき》な機械《きかい》や飼《か》いかたが広がっていくと言われていました。「牛飼《うしか》いになるにも、きちんとした知識《ちしき》を身につけないといけないんだ」と、中洞《なかほら》さんも考えるようになりました。この牧場《ぼくじょう》に来る前までは、「牛飼いに勉強は必要《ひつよう》ない」と思っていた中洞さんですが、高校や大学に進学し、近代《きんだい》酪農《らくのう》の最先端《さいせんたん》を学んでみたいと思うようになったのです。

その思いはどんどん強くなり、ついに中洞さんは、次の春の受験《じゅけん》に向けて故郷《こきょう》へ帰ることに決めました。地元に帰った中洞さんは、人が変《か》わったように勉強を始めました。近代酪農を学んで「最先端の牛飼い」になる。そのためには、今の中洞さんの知っている知識や技術《ぎじゅつ》だけでは足りません。農業科のある高校を見つけると、翌年《よくとし》の春には3度目の高校生となりました。今までの高校は二つともすぐに退学《たいがく》してしまいましたが、今回はきちんと自分で決めた目標《もくひょう》がありました。

高校では、牛や豚《ぶた》を飼育《しいく》する実習もありました。しかしそこで教えている酪農《らくのう》は、埼玉《さいたま》の牧場《ぼくじょう》のような近代酪農《きんだいらくのう》ではありません。すでにプロとして牧《ぼく》場《じょう》で働《はたら》いたことのある中洞《なかほら》さんにとっては、高校の実習程度《じっしゅうていど》では遊びのようなものにしか感じられませんでした。最先端《さいせんたん》の酪農を学びたくて進学したのに、そこで学ぶことはどれも知っていることばかりだったのです。

「きっとこれからは、最新《さいしん》の技術《ぎじゅつ》や知識《ちしき》を使って牛を管理《かんり》することが、酪農の大切な仕事になっていくはずだ。のんびり放牧《ほうぼく》をしながら牛乳《ぎゅうにゅう》をしぼるなんて、どんどん時代遅《おく》れになってしまう。そのためにも、大学へ進学して、近代酪農を学びたい。それも東京の大学で……」と、中洞さんはそんなことを考えるようになりました。

高校へ進学する人も少ない時代です。そこからさらに大学へと進む学生は、クラスに2、3人いるかどうかといった程度《ていど》でした。「牛のことばかり考えていたやつが、東京の大学をめざしているんて」と、まわりの友だちはおどろきましたが、中洞《なかほら》さんは本気でした。

高校卒業《そつぎょう》後、中洞さんは2度の受験《じゅけん》に失敗《しっぱい》しましたが、翌年《よくとし》の春《はる》、東京農業大学《とうきょうのうぎょうだいがく》に入学。念願《ねんがん》の大学生となりました。

「これでやっと本格的《ほんかくてき》に近代酪農《きんだいらくのう》を学べるぞ」と、中洞さんはふたたび故郷《こきょう》を離《はな》れ、都会へと向かいました。

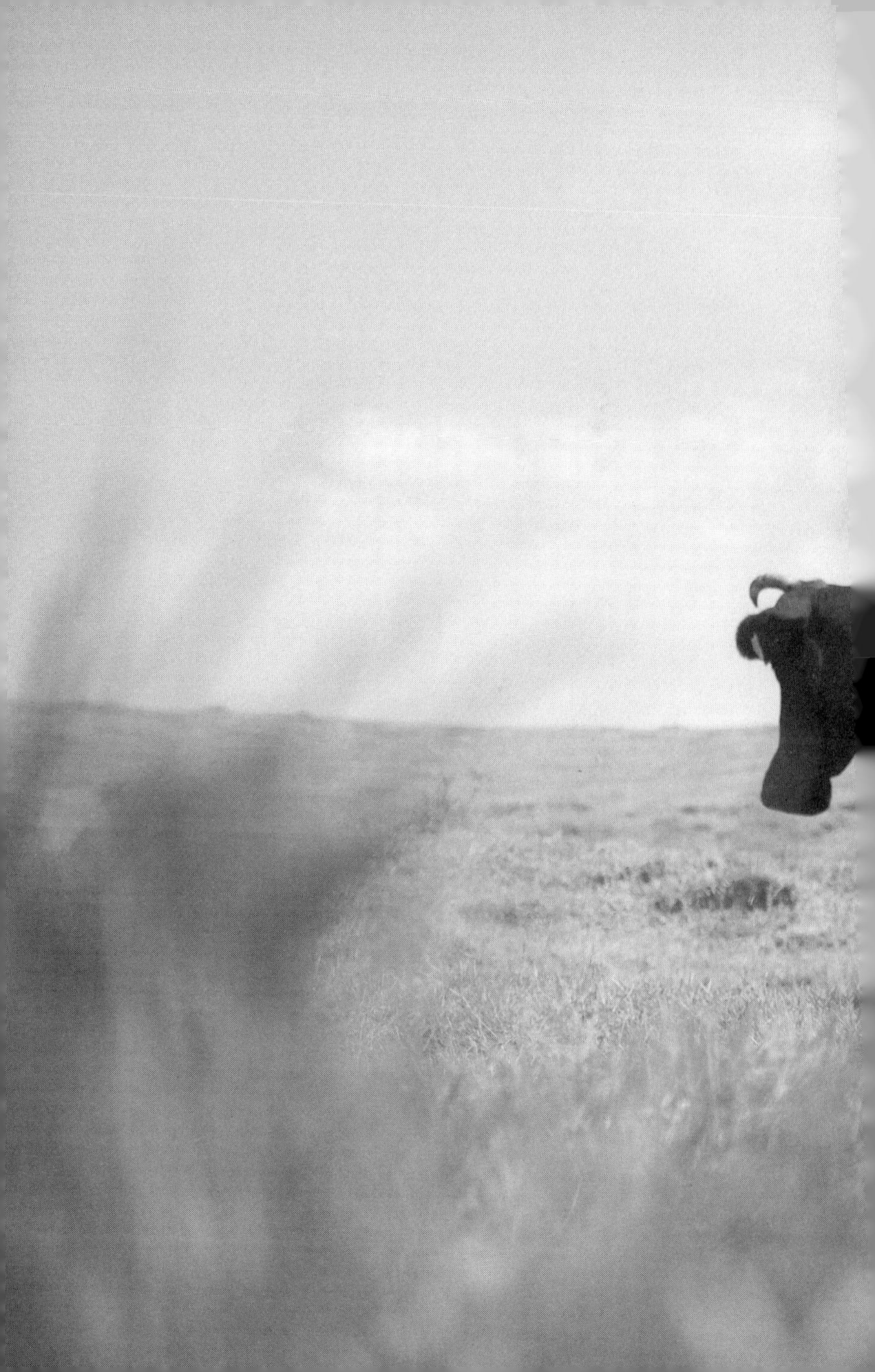

第2章

山地酪農《やまちらくのう》

機械《きかい》のような牛たち

中洞《なかほら》さんは、期待に胸《むね》をおどらせ大学に通いはじめました。ところが、初《はじ》めのころこそまじめに大学へ通っていましたが、すぐにおもしろくなくなっていきました。近代酪農《きんだいらくのう》には、最先端《さいせんたん》の科学知識《かがくちしき》も求《もと》められます。たとえば、牛の体のしくみを理解《りかい》するために、分子生物学といった、とても複雑《ふくざつ》な勉強もしなくてはなりません。そういった知識や技術《ぎじゅつ》を使って牛を飼《か》うことこそが近代酪農なのです。中洞さんも、本当はそれを学びたくて大学に進学したはずでした。しかし、牛に触《ふ》れることもなく学んだ知識が、本当に自分のやりたい酪農の役に立つんだろうかと、だんだん疑問《ぎもん》に思えてきたのです。

牛の体に無理《むり》をさせてまで牛乳《ぎゅうにゅう》をたくさんつくろうとする近代酪農のやりかたも、あまり好《す》きにはなれませんでした。

配合飼料《はいごうしりょう》や牛舎飼《ぎゅうしゃが》いによって、たしかに牛たちはたくさんの牛乳《ぎゅうにゅう》をつくれるようになりました。でもその結果《けっか》、牛たちは体をこわし、外を歩くこともできず、数年で死をむかえてしまいます。健康《けんこう》な牛が長生きして少しずつ牛乳をつくるより、不健康《ふけんこう》な牛が短い期間でたくさんの牛乳をつくるほうが〝効率《こうりつ》がよい〟というのです。体をこわした牛たちは肉として売られ、すぐにまた新しい牛ととりかえられてしまいます。それはまるで、こわれた部品を交換《こうかん》する工場のような光景《こうけい》です。

人間の知識《ちしき》と技術《ぎじゅつ》で管理《かんり》される、近代酪農《きんだいらくのう》のもとに育つ牛たちの一生とはどのようなものでしょう。子牛は産《う》まれてから1週間、お母さんの母乳《ぼにゅう》を飲んで育ちますが、直接《ちょくせつ》おっぱいから飲むわけではありません。人間がしぼった牛乳を哺乳瓶《ほにゅうびん》から与《あた》えられるのです。子牛はお母さん牛とふれあうことも、その顔を見ることもできません。それから1か月半くらいは、※脱脂粉乳《だっしふんにゅう》や、

※**脱脂粉乳**：牛乳から脂肪分《しぼうぶん》を抜《ぬ》き、水分を蒸発《じょうはつ》させて粉末状《ふんまつじょう》にしたもの。

脂肪《しぼう》、ビタミンをくわえた人工のミルクを与《あた》えられてすごします。その後少しずつ母乳以外《いがい》のものも口にしはじめますが、それらは干《ほ》した草や配合飼料《はいごうしりょう》で、新鮮《しんせん》な草ではありません。近代酪農《きんだいらくのう》で飼《か》われる牛たちのほとんどは、死ぬまで新鮮な草を食べることなどないのです。

産《う》まれてから1、2か月もすると、角《つの》を切りおとされてしまいます。専用《せんよう》の大きなハサミで切りおとし、切った傷口《きずぐち》を真っ赤に熱《ねっ》したコテで焼《や》き、血を止めます。もちろん角からは血が出て痛《いた》みもあるため、牛は大きな悲鳴をあげます。でも、角を生やしたままだと、せまい牛舎内《ぎゅうしゃない》ではほかの牛たちにぶつかってけがをさせてしまうかもしれません。なにより、乳《ちち》しぼりをする人間に危害《きがい》をくわえる可能性《かのうせい》があります。そのため、角を切るのです。

しかし、牛にとっての角はたんなる飾《かざ》りではありません。それは外敵《がいてき》から身を守るための武器《ぶき》や防具《ぼうぐ》でもあるのです。さらに、群《む》れで暮《く》らす中では、たがいに角《つの》をぶつけあうことで力関係《ちからかんけい》を確《たし》かめあい、必要《ひつよう》のない争《あらそ》いを避《さ》けるという大事な役割《やくわり》もはたしています。このように、牛の角は本来、牛が生きていくために必要《ひつよう》なものなのです。

ところが、牛舎内《ぎゅうしゃない》で工場のように牛を飼《か》う近代酪農《きんだいらくのう》においては、そんな角もじゃまなものでしかないため、幼《おさな》いうちに切りおとしてしまうのです。

牧場《ぼくじょう》によっては、しっぽもまた乳《ち》しぼりのときにじゃまになるという理由で、ゴムひもできつくしめて、※壊死《えし》させてしまうことがあります。気性《きしょう》の荒《あら》い牛には、「鼻輪《はなわ》」と呼《よ》ばれるリングを鼻にとりつけます。鼻輪をつけるときには、麻酔《ますい》もせず、鋭《するど》い刃物《はもの》で左右の鼻の穴《あな》の間にある壁《かべ》に穴をあけて、とりつけます。牛は鼻を引っぱられると強い痛《いた》みを感じるため、鼻輪にロープをかけて引っぱることで、どう猛《もう》な牛でもおとなしく言うことを聞くようになるのです。

※**壊死**：体の組織《そしき》の一部が死ぬこと。きつくゴムひもでしめられた牛のしっぽは、血液《けつえき》がかよわなくなり、ちぎれてしまう。

近代酪農《きんだいらくのう》では、生後28か月くらいで子牛を産《う》むのが、もっとも経済的《けいざいてき》に効《こう》率《りつ》がよいとされています。そのため、妊娠期間《にんしんきかん》の10か月を考えて、生後18か月をむかえた牛は、※人工授精《じんこうじゅせい》により妊娠《にんしん》させられます。なかなか妊娠しない牛は、食肉用の牛として売られてしまいます。牛乳《ぎゅうにゅう》は、お母さん牛が出産《しゅっさん》することで出るようになるのです。牛乳の出ない牛は、近代酪農《きんだいらくのう》という工場の中では〝欠陥品《けっかんひん》〟にすぎません。たとえ子牛が産まれても、せまい牛舎《ぎゅうしゃ》で飼《か》われているお母さん牛は、自分の産んだ子牛の体をなめてあげることも、おっぱいをあげることもできずにひき離《はな》されてしまいます。なかには首を固定《こてい》している牛舎《ぎゅうしゃ》もあり、その場合は子牛の姿《すがた》すら見ることができないのです。

お母さん牛はすぐにおっぱいをしぼられはじめます。そして、出産から2か月後の、牛乳の量《りょう》が一番多くなる時期には、次の子牛を産むために、また人工授精により妊娠させられます。出産から300日をすぎると、しぼれる

※人工授精：人工的《じんこうてき》にメスの卵子《らんし》とオスの精子《せいし》を結合《けつごう》させて、妊娠《にんしん》させること。

牛乳《ぎゅうにゅう》の量《りょう》も少なくなってくるため、次の出産《しゅっさん》にそなえて休む「乾乳期《かんにゅうき》」に入ります。その後、草を食べることも、外を自由に歩きまわることもなく、出産、乳《ちち》しぼり、また出産というサイクルをくりかえします。体に大きな負担《ふたん》をかけて生きる牛たちは、わずか5、6年で体をこわし、食肉用として売られていくことになります。健康《けんこう》に生きる牛の寿命《じゅみょう》が20年近いことを考えると、その4分の1ほどの期間で死んでしまうということです。

「大好《だいす》きな牛たちが、まるで機械《きかい》のようにあつかわれている。これが本当におれのやりたい酪農《らくのう》なんだろうか……。これでおれは本当にしあわせなんだろうか。近代酪農こそが、自分のやりたい酪農だと思っていたけれど、もしかしたらまちがった方向に進んでいるのかもしれない」と、近代酪農を学べば学ぶほどに、中洞《なかほら》さんはそんなことを考えるようになりました。念願《ねんがん》の大学生活でしたが、※近代酪農に対する疑問《ぎもん》は深まるばかりでした。

※近代酪農に対する疑問：現代《げんだい》の酪農は、牛舎飼《ぎゅうしゃが》いでも牛に過酷《かこく》な環境《かんきょう》を強《し》いる飼育《しいく》を避《さ》ける傾向《けいこう》にあり、牛にやさしい環境を整える酪農へと少しずつ変《か》わりつつある。

本当にやりたい酪農《らくのう》

「自分が本当にやりたい酪農とは、いったいどんな酪農なんだろう……」

中洞《なかほら》さんは、そんなことを考えながら毎日をすごしていました。授業《じゅぎょう》はおもしろくありませんでしたが、大学で出会った友人たちからは、たくさんの刺激《しげき》を受けました。

中洞さんの進学した学科は、農業拓殖学科《のうぎょうたくしょくがっか》という特殊《とくしゅ》な学科でした。その学科では、日本をとびだして海外で農業をする「開拓者《かいたくしゃ》」を育てるための教育がおこなわれていたのです。卒業生《そつぎょうせい》の中には、日本から遠く離《はな》れたブラジルやアフリカで、農業に挑戦《ちょうせん》している人たちもたくさんいました。中洞さんのまわりにも、将来《しょうらい》は自分のやりたい農業を実現《じつげん》するために、海外をめざそうとする同級生たちがたくさんいたのです。

「おれは将来《しょうらい》アフリカで農業を広めるんだ」

「日本をとびだして、東南アジアで米をつくる」

「おれはブラジルで地平線のかなたまで続《つづ》くような広大な酪農《らくのう》をやるんだ」

中洞《なかほら》さんは、友人たちが熱《あつ》く語る夢《ゆめ》を聞きながら、そのスケールの大きさにおどろいてしまいました。岩手の田舎《いなか》では「ベコバカ」と呼《よ》ばれていた中洞さんがふつうに見えるほど、自分の農業に夢をいだく友人たちに囲《かこ》まれていました。

農業拓殖学科《のうぎょうたくしょくがっか》の学生は、3年生になると1年間大学を休み、かわりに大学以外《いがい》の農場や牧場《ぼくじょう》で、実際《じっさい》の仕事を経験《けいけん》しなければいけません。多くの学生は、自分のやりたい農業をやっている、国内の農家や酪農家のもとへと出かけていきましたが、海外へ学びにいく学生もめずらしくありませんでした。そんな学生たちが、1年間の実習を終えて大学にもどってくると、たくましく日焼《ひや》けした笑顔《えがお》で、また熱《あつ》く後輩《こうはい》たちに夢《ゆめ》を語るのです。

目をかがやかせながら夢を語る友人たちの話を聞いていると、「おれも負けてられないな。自分が本当にやりたい酪農《らくのう》を見つけるんだ。命をかけて挑戦《ちょうせん》したい酪農を……」と、中洞《なかほら》さんは、いてもたってもいられなくなるのでした。

中洞さんは、3年生になってからの実習が待ちきれず、1年生の夏休みを使って、日本国内の牧場《ぼくじょう》に働《はたら》きにいくことにしました。学校では、最先端《さいせんたん》の近代酪農を学んでいますが、中洞さんが体験《たいけん》したかったのは、ちがう酪農でした。牛舎《ぎゅうしゃ》の中ではなく、大自然《だいしぜん》の中にいる牛の姿《すがた》を見たい。そう思い、広い放牧地《ほうぼくち》で酪農をやっているという、北海道の牧場を訪《たず》ねることにしました。

そこで見た光景《こうけい》は、大学の授業《じゅぎょう》につかれていた中洞さんの心のもやもやを、すっかりふき飛ばしてしまうほどすばらしいものでした。地平線までのびる広大な大地。遠くにかすむ雄大《ゆうだい》な山脈《さんみゃく》。すがすがしく澄《す》んだ空気……。近代《きんだい》酪農《らくのう》による工場のような牧場《ぼくじょう》ではなく、牛が大地の上でのびのびと暮《く》らす放《ほう》牧酪農《ぼくらくのう》です。

大型《おおがた》の機械《きかい》といえば、干《ほ》し草《くさ》を集めるトラクターくらいのものでした。大《たい》量《りょう》の干し草をトラクターで集め、大きなフォークのような形をした道具で干し草を持ちあげ、人力で山にしていきます。1か月の滞在中《たいざいちゅう》、朝から晩《ばん》まで、自分の背丈《せたけ》の倍くらいありそうな干し草の山を、ひたすらつくりつづけました。中洞《なかほら》さんは大粒《おおつぶ》の汗《あせ》を流しながら、真っ黒になって働《はたら》きました。それは、細かな知識《ちしき》を頭につめこむ授業《じゅぎょう》とはちがい、生きている実感を感じさせてくれるものでした。なによりも、ゆっくりと地平線に沈《しず》んでいく夕日の下で、のんびりと歩く牛たちの姿《すがた》を見ていると、中洞さんも満《み》たされた気持ちになるのでした。

「やっぱりおれは、近代酪農《きんだいらくのう》よりも、こういうゆったりとした酪農をやりたいな。広い大自然《だいしぜん》の中で、牛がしあわせに暮《く》らす牧場《ぼくじょう》を……」

中洞《なかほら》さんは大学を卒業《そつぎょう》したら、故郷《こきょう》の岩手にもどって牛を飼《か》うつもりでした。でも残念《ざんねん》ながら、故郷は平地などほとんどない、山に囲《かこ》まれた地域《ちいき》です。北海道のような広大な放牧酪農《ほうぼくらくのう》をおこなうことはできません。

「おれも北海道に牧場《ぼくじょう》をつくろうかな。それとも、ブラジルの大平原をめざしてもいいかもしれない」と、そんなことを考えることもありました。

教室ではあいかわらず、細かな知識《ちしき》ばかりの教科書に苦労《くろう》しましたが、少しずつ自分のやりたい酪農が見えてきたような気がしました。

近代酪農はたしかに効率《こうりつ》がよく、たくさんの牛乳《ぎゅうにゅう》をしぼることができます。けれどもそのためには、牛を機械《きかい》のようにあつかい、本来のえさである草も食べさせず、空も見えない牛舎《ぎゅうしゃ》の中に閉《と》じこめなければなりません。そこで生まれるたくさんの〝おかしな牛〟たちの姿《すがた》は、本当に中洞《なかほら》さんの見たい牛の姿なのでしょうか。

運命の出会いがあったのは、まさにそんなことを考えていたときでした。なにげなく大学を歩いていると、「山地酪農《やまちらくのう》」と書かれた小さな看板《かんばん》が中洞さんの目にとびこんできたのです。毎日毎日、酪農のことばかりを考えていた中洞さんは、その言葉にひかれ、看板へと近づいていきました。それは、「山地酪農に挑《いど》む」というドキュメンタリー映画《えいが》の上映会《じょうえいかい》のお知らせでした。

「『山地酪農』だって？　聞いたこともない酪農だな」と中洞さんは首をかしげました。その上映会で目にすることになる、わずか30分程度《ていど》の映像《えいぞう》が、中洞さんの運命を大きく変《か》えることになるとは、このときはまだ思ってもみませんでした。

「山地酪農《やまちらくのう》」との出あい

会場となっていた図書館のホールに着くと、まさに映画《えいが》が始まるところでした。中洞《なかほら》さんはあわてて席《せき》につき、前方のスクリーンに目をやりました。

そのドキュメンタリー映画は、一人の酪農家《らくのうか》を追ったものでした。画面に現《あらわ》れたのは、高知県の酪農家、岡崎正英《おかざきまさふさ》さんです。太くたくましい指と、日に焼《や》けた顔からのぞく、まっすぐな瞳《ひとみ》が印象的《いんしょうてき》です。しかし中洞さんがおどろいたのは、その岡崎さんのうしろに広がっている、牧場《ぼくじょう》の風景《ふうけい》でした。

その風景は、せまい牛舎《ぎゅうしゃ》でも、広大な平原でもなく、急な山の斜面《しゃめん》だったのです。その斜面の上を牛たちが4本の足で器用《きよう》に歩き、のんびりと草を食べています。それも、1頭や2頭ではありません。何十頭もの牛たちが、急な斜面《しゃめん》を気にもせず、自由気ままに歩いているのです。

「これが山地酪農《やまちらくのう》か……！」と中洞《なかほら》さんは、目を丸くしておどろきました。北海道のような、平らな土地が広がっている場所ならわかりますが、こんな急な斜面《しゃめん》ばかりの山で、たくさんの牛を放《はな》し飼《が》いにするなんて、考えたこともなかったのです。それは教科書では見たことのない、信《しん》じられないような光景《こうけい》でした。

山地酪農のすごいところは、それだけではありませんでした。山地酪農では、人間はほとんど牛の世話をしなくてよいというのです。山に放《はな》たれた牛たちは、自分たちで自由に、好《す》きなように生きているのです。

牛舎《ぎゅうしゃ》で飼われている牛たちは、自由に外に出ることができないため、人間がえさをやらなければ飢《う》え死《じ》にしてしまいます。ところが、この山に暮《く》らす牛たちは、山に生えている植物なら、何でもえさにして食べてしまうのです。そんな牛たちが、なかでもおいしそうに食べているのが、足元の急な斜面《しゃめん》いっぱいに生えている、緑の芝生《しばふ》でした。

　映画《えいが》の説明《せつめい》によると、その芝生は「野《の》シバ」と呼《よ》ばれる植物でした。野シバは、日本の山林なら、どこにでも生えている、目立たない植物です。数センチしか葉をのばさない草ですが、地面の下では、大地をがっちり支《ささ》えるように、細長い根をたくさんのばします。この野シバこそが、山地酪農《やまちらくのう》には欠《か》かせない大切な植物だというのです。

　野シバは、日本の山林にとても適《てき》した植物なので、人間が肥料《ひりょう》を与《あた》えなく

地中に張《は》りめぐらされた野シバの根。

ても、すくすくと育っていきます。根さえ残《のこ》っていれば、葉を刈《か》りとられても、またすぐに生えてきます。牛たちは、この野《の》シバを食べては、その近くに糞尿《ふんにょう》を残《のこ》していきます。牛の糞尿は、ハエやミミズ、キノコなどの菌類《きんるい》や、目には見えない微生物《びせいぶつ》の力をかりて、栄養豊《えいようゆた》かな土へと変《か》わります。この土で、野《の》シバがまたぐんぐんと成長《せいちょう》し、広がっていくのです。

つまり、牛は自由に山で生活しているだけで、自分たちのえさとなる野シバを育てているということです。人間が何もしなくても、山が牛を育て、牛も山を育てるという、共生関係《きょうせいかんけい》ができあがるのです。

「山と牛が共《とも》に生きる……。なんて美しい光景《こうけい》なんだろう」と、中洞《なかほら》さんは思わずため息をつきました。

その瞬間《しゅんかん》です。中洞さんの記憶《きおく》の片隅《かたすみ》から、ある光景《こうけい》があざやかによみがえってきました。

それは幼《おさな》いころ、お父さんといっしょに行った「山上げ」の光景《こうけい》でした。中洞《なかほら》さんは、大好《だいす》きな牛を引きながら、朝つゆにぬれる山の中を、その小さな足で一歩一歩、登っていきました。とつぜん目の前に現《あらわ》れたのは、山の中に広がる緑の芝生《しばふ》でした。あのとき感じた風のにおい、たくましくそびえる大きな木、そして、うっすらとした朝日に照《て》らされるなか、ゆったりと山を歩く牛たちの姿《すがた》。それらがはっきりと思いだされてきたのです。

「これだ！ おれはこれをやりたかったんだ！」と、中洞さんは思わず心の中で叫《さけ》びました。

映画《えいが》で見た山地酪農《やまちらくのう》の光景は、まさに中洞さんが夢《ゆめ》に描《えが》いていたものだったのです。山に囲《かこ》まれた故郷《こきょう》では、放牧酪農《ほうぼくらくのう》なんてできないと思っていました。でもよく思いかえせば、「牛飼《うしか》いの名人」たちは、昔から山の中で放牧酪農をおこなっていたのです。

「おれはこの映画《えいが》の中の牧場《ぼくじょう》のように、大自然《だいしぜん》の中で、大好《だいす》きな牛たちと生きていきたくて、牛飼《うしか》いになりたかったんだ。牛たちに苦しい思いをさせる酪農《らくのう》じゃなく、牛もしあわせに生きていける酪農をやりたかったんだ！」

中洞《なかほら》さんは、わきあがる興奮《こうふん》をおさえきれないまま、食いいるように映像《えいぞう》を見つめつづけました。

山地酪農《やまちらくのう》は「楽農《らくのう》」

中洞さんは、息をするのも忘《わす》れるほど、その映像《えいぞう》にひきこまれていきました。映画《えいが》が終わっても、自分が本当にやりたい酪農と、やっと出あえたんだという興奮《こうふん》で、その場から動けなかったほどです。

「おれはぜったいにこの酪農を、山地酪農を実現《じつげん》するぞ！」と、心の中でちかう中洞さんでしたが、山地酪農を始めるには、いったい何から始めたらよいのか、まったくわかりませんでした。それは、大学の教科書のどこにも書かれていない酪農だったのです。

山地酪農を考えだしたのは、猶原恭爾《なおはらきょうじ》さんという人でした。猶原さんは酪農家ではありません。植物を研究する学者でした。猶原さんは、植物の研究を進めるうちに、日本の山には、まだまだたくさんの可能性《かのうせい》があるということに気がつきました。その可能性のひとつが、野《の》シバを使った山地酪農だったのです。

猶原さんの自宅《じたく》には、そんな山地酪農を志《こころざ》す学生たちが、いつも大勢《おおぜい》集まっていました。中洞さんは、上映会《じょうえいかい》を企画《きかく》した人たちから猶原さんを紹介《しょうかい》してもらうと、仲間《なかま》たちといっしょに、何度も猶原さんの家を訪《たず》ねることになりました。

「山地《やまち》酪農《らくのう》は難《むずか》しい酪農じゃない。むしろ、とても簡単《かんたん》な酪農なんだ」と猶《なお》原《はら》さんは説明《せつめい》しました。

牛舎《ぎゅうしゃ》の中で牛を飼《か》う近代酪農では、人間がやらなければいけない仕事がたくさんあります。牛をおなかいっぱい食べさせるためのえさやりから、大量《たいりょう》に出る糞尿《ふんにょう》の片《かた》づけ、のびたひづめを切ることだって必要《ひつよう》です。

とくに糞尿の片づけは、牛舎で牛を飼う酪農家にとっては、何よりもきつい仕事のひとつです。毎日毎日、牛たちは1頭あたり20〜30キログラムもの糞尿を出すのです。スコップを使い、その糞尿を牛舎の外にかき出す作業は、何時間もかかる大変《たいへん》な重労働《じゅうろうどう》です。近代酪農をおこなう牧場《ぼくじょう》が増《ふ》えるとともに、大型《おおがた》の機械《きかい》を使《つか》って糞尿の片づけをする牧場も増《ふ》えましたが、その作業が大変なことに変《か》わりはありません。

山地酪農では、そういった牛舎内の作業は、全部自然《しぜん》にまかせてしまっているのです。牛たちは自由に山で草を食べ、糞《ふん》をします。糞は栄養豊《えいようゆた》かな土になります。山を歩く牛のひづめは、自然《しぜん》にけずれていくため、人間が切る必要《ひつよう》もありません。牛が自分でできないのは、乳《ちち》しぼりだけなのです。

牛は自然そのままで、人間のつくるどんな機械《きかい》よりも、すぐれた能力《のうりょく》を持っています。牛の長い舌《した》は、がんじょうな野草も、ものともせずに引きちぎります。前歯のない上あごと大きな奥歯《おくば》は、消化《しょうか》しやすいように草をすりつぶし、長い首はそれらを胃袋《いぶくろ》まで送りこみます。4個《こ》もある牛の胃袋は、その中にすむバクテリアの力をかりて野草を分解《ぶんかい》し、おまけにそのバクテリアをも栄養源《えいようげん》としてとりこみます。じょうぶな4本の足は、足場の悪い山肌《やまはだ》でも、何百キログラムもある牛の体を支《ささ》え、山の上まで運びます。牛の頭脳《ずのう》や目や鼻は、最新《さいしん》のコンピューターよりもすばやく植物を探《さが》しだし、それが食べられるかどうかを判断《はんだん》します。

そんなすばらしい牛の能力《のうりょく》を、近代酪農《きんだいらくのう》ではまるで無視《むし》してしまっているのです。それどころか、体に合わないえさを与《あた》え、運動もできないせまい牛舎《ぎゅうしゃ》に閉《と》じこめることで、その機能《きのう》をこわしてしまっているのです。

牛舎で牛を飼《か》っているかぎり、酪農家は365日、休みなくえさやりと糞《ふん》尿《にょう》の片《かた》づけをしなければなりません。それらの作業を牛自身にまかせてしまえる山地酪農《やまちらくのう》は、人間にとって負担《ふたん》の少ない「楽農《らくのう》」になるのだと猶原《なおはら》さんは言います。

また、山地酪農は、牛にとっても負担の少ない酪農です。牛が自分でえさを探《さが》すのは大変《たいへん》そうだと思うかもしれませんが、運動もできずに体に合わないえさを与《あた》えられつづけるほうが、牛にとってはつらいことなのです。たしかに近代酪農《きんだいらくのう》で育てた牛のほうが、山地酪農《やまちらくのう》で育てた牛よりも、何倍もの量《りょう》の牛乳《ぎゅうにゅう》をつくることができます。でもそれは、本来の牛の姿《すがた》ではないのです。

山地酪農《やまちらくのう》では、牛に何も手をくわえません。自然《しぜん》のままに牛を飼《か》うからこそ、安全で、安心な牛乳《ぎゅうにゅう》をつくることができるのです。

「やっぱりおれは、この酪農をやっていきたい。牛のすばらしさを生かした山地酪農を」と、中洞《なかほら》さんは、ますます山地酪農への思いを強くしていくのでした。

おれが日本の酪農を変《か》える！

猶原《なおはら》さんの話は、酪農のことだけにとどまりませんでした。

「どうしたら、人間が自然《しぜん》をこわすことなく生きていけるのか。人間にとってのしあわせとは何なのか」――大学では聞いたこともない話に、中洞さんは夢中《むちゅう》になって耳を傾《かたむ》けました。

「たんなる仕事としての酪農《らくのう》をしてはいけないよ。人間の生きる意味を探求《たんきゅう》するような酪農をやりなさい。自分だけのことを考えるのではなく、自分を生かしてくれる自然《しぜん》そのもののことを考えなければいけない。たとえ自分が死んだあとでも、千年先に豊《ゆた》かな自然を残《のこ》せるような、そんな酪農をめざしなさい」

それは今まで中洞《なかほら》さんが考えたこともないような、とてもスケールの大きな話でした。

猶原《なおはら》さんの言葉にふれるうちに、中洞さんは、「この社会の中で酪農家の役割《やくわり》とはいったい何だろうか」と、真剣《しんけん》に考えるようになりました。

近代酪農《きんだいらくのう》では、穀物《こくもつ》を牛に食べさせて、牛乳《ぎゅうにゅう》などの乳製品《にゅうせいひん》をつくります。その穀物のほとんどは、外国から輸入《ゆにゅう》されてきた、トウモロコシや大豆《だいず》、小麦などです。それらはそのままでも人間が食べることができる食料《しょくりょう》なのです。

世界には、まだまだ食料《しょくりょう》が足りずに飢《う》えている人が、何億人《なんおくにん》と暮《く》らしていま
す。それなのにその穀物《こくもつ》を、本来なら草が主食である牛に与《あた》えてもよいので
しょうか。

そもそも酪農《らくのう》とは、「人間が食べられない植物から、牛の体を通して、人
間も食べることのできる乳製品《にゅうせいひん》をつくる」ということに大切な意味があるの
だと猶原《なおはら》さんは言います。

「たしかに穀物のえさを与えたほうが、牛はたくさんの牛乳《ぎゅうにゅう》をつくることが
できる。でもそのために、地球の裏側《うらがわ》で誰《だれ》かが飢えなければならないとした
ら、それは本当に正しい産業《さんぎょう》なのだろうか。そんなおかしな産業は、いずれ
人間自身の首をしめるものになってしまうだろう。そうならないためにも、
日本の山林に生える植物を役立てる山地酪農《やまちらくのう》には意味があるのだ。もちろん、
役立てるといっても、人間が一方的《いっぽうてき》に自然《しぜん》をこわすようなことはしてはいけ

ない。植物の再生《さいせい》するスピードに合わせて、牛も人間も、共《とも》に生きていけるような酪農《らくのう》をおこなうのだ」と、猶原《なおはら》さんは力強く学生たちに語りました。

山に囲《かこ》まれて育った中洞《なかほら》さんは、この数年で自然破壊《しぜんはかい》が進んでいることを肌《はだ》で感じていました。幼《おさな》いころ、ほとんど自給自足《じきゅうじそく》のような生活をしていたころは、山そのものがきれいでした。たくさんの命をそばに感じ、人間が自然に生かされているということをあたりまえのように感じていました。ところが、人間の都合だけを考えた植林や伐採《ばっさい》によって、山の※生態系《せいたいけい》はどんどんこわれていっているのです。

いつのまにか人間は、自然を〝共《とも》に生きていくもの〟ではなく、〝利用《りよう》するもの〟としか見なさなくなってしまったのかもしれません。牛を機械《きかい》のようにあつかう近代酪農《きんだいらくのう》とは、そんな考えから生まれてきたものではないでしょうか。人間は生きている以上《いじょう》、何かを犠牲《ぎせい》にしてしまいます。どれだけ

※**生態系**：さまざまな生物が共存《きょうぞん》することにより保《たも》たれている環境《かんきょう》、関係性《かんけいせい》。

自然《しぜん》と調和して生きるといっても、今日を生きるためにはほかの生き物を食べ、命をいただかなければいけません。しかしだからといって、人間の好《す》き勝手にしてよいわけではありません。

「人間が生きていくための恵《めぐ》みをいただくからこそ、自然や生き物を大切にあつかい、感謝《かんしゃ》する必要《ひつよう》があるのではないか。酪農家《らくのうか》の役割《やくわり》とは、牛乳《ぎゅうにゅう》をつくることだけではなく、そういった感謝を牛や自然に伝えることかもしれない。人間の都合で生みだされる〝おかしな牛〟、それはやっぱり、どこかまちがった姿《すがた》なのではないだろうか……」と中洞《なかほら》さんは考えました。

大学卒業《だいがくそつぎょう》を間近にひかえたころには、すっかり決意も固《かた》まっていました。

「やっぱりおれがやるべきことは山地酪農《やまちらくのう》だ。牛も人間も、しあわせに生きていける酪農を実現《じつげん》するんだ！　おれが日本の酪農を変《か》えてやる！」

第3章

理想の酪農《らくのう》

ジャングル牧場《ぼくじょう》

大学を卒業《そつぎょう》した中洞《なかほら》さんは、故郷《こきょう》の岩手県に向かう汽車の中にいました。いよいよ自分自身で、理想の酪農《らくのう》に挑戦《ちょうせん》するのです。山に囲《かこ》まれた故郷では、広大な放牧酪農《ほうぼくらくのう》はできないと思っていましたが、山地酪農《やまちらくのう》なら、それができます。幼《おさな》いころに見た「山上げ」の光景《こうけい》を実現《じつげん》するために、牛といっしょに山で暮《く》らしていくのです。

中洞さんの実家には、昔から受けついできた山がありました。それほど大きな山ではありませんが、山地酪農を始めるには、ちょうどよい大きさです。これから自分の牧場をつくるんだと思うと、中洞さんの胸《むね》が高鳴りました。

ところが、久《ひさ》しぶりに実家に帰った中洞さんは、残念《ざんねん》な話を聞かされました。なんと、ずっと前から受けついできた実家の山は、すでに他人のものになっているというのです。中洞《なかほら》さんが世話をしていた牛たちも、どこにも姿《すがた》が見あたりません。残《のこ》っていたのは、古びた家と、その横にある、せまい畑だけでした。お金に困《こま》っていた実家では、売れる財産《ざいさん》のほとんどを、すでに売りはらってしまっていたのです。

これでは山地酪農《やまちらくのう》を始められません。お金もないので、土地をかりるわけにもいきませんでした。まずは少しでもお金をかせごうと、中洞さんは、仕事を探《さが》しました。植林地の下草刈《※したくさか》りや、ニワトリの糞《ふん》からつくった肥料《ひりょう》の販売《はんばい》など、やれる仕事ならなんでもやりました。いつか山を手に入れるためにも、少しでもお金をかせいでおかなければなりません。ところが、田舎《いなか》でやる仕事は、たいしたお金にもならず、なかなかお金はたまりませんでした。

「なあに、心配はいらないさ。どこかに安い土地があるだろう」と中洞さんは、気楽に考えていました。ところが、あちこちに土地を探しにいきました

※**下草刈り**：林業などで、植えた苗木《なえぎ》の成長《せいちょう》をじゃまするようなほかの植物を刈《か》りとること。

が、中洞《なかほら》さんの持っているお金でかりられるような山はありませんでした。大学を卒業《そつぎょう》して半年がすぎると、中洞さんもだんだんあせりを感じてきました。「このまま土地が見つからなかったらどうしよう」と心配になってきたのです。

いてもたってもいられなくなった中洞さんは、家の横にあるせまい畑に牧《ぼく》草《そう》の種《たね》をまき、そこで3頭の牛を飼《か》うことにしました。それはとても牧場《ぼくじょう》と呼《よ》べる規模《きぼ》ではありませんでしたが、やっと牛といっしょに暮《く》らせるのだと思うと、中洞さんの心も落ちつくのでした。

「いつかもっと、広い土地をかりられるように、お金をためるからな」と中洞さんは、毎日牛たちに語りかけるのでした。

やっと牛を飼う生活が始まりましたが、せまい畑に生える牧草だけでは、とてもえさが足りません。牛たちに、おなかいっぱい食べさせるには、もっともっと草が必要《ひつよう》だったのです。中洞《なかほら》さんは、仕事の合間に山へ出かけると、軽トラックの荷台からあふれるほどの草を、毎日毎日刈《か》りとりました。

近所の人たちは、東京の大学を卒業《そつぎょう》して帰ってきた中洞さんが、毎日大量《たいりょう》の草を刈《か》ってばかりいる姿《すがた》を見て、「きっと、あの家の息子《むすこ》は頭がおかしいんだ」とうわさしました。

「いつか見てろよ。おれは必《かなら》ず山地酪農《やまちらくのう》を実現《じつげん》するんだ！」と中洞さんは、山地酪農への情熱《じょうねつ》だけを支《ささ》えに、毎日、牛の世話を続《つづ》けました。

気がついたら、そんな毎日が3年も続いていました。大学の同級生のなかには、すでに自分の酪農に挑戦《ちょうせん》している友人もいます。「自分は毎日草を刈っているばかりで、本当に大丈夫《だいじょうぶ》なんだろうか」と、中洞さんは、だんだん不安《ふあん》になってきました。

そんなある日、ついに牧場《ぼくじょう》にできそうな土地が見つかりました。見るに見かねた知りあいが、中洞《なかほら》さんに無料《むりょう》で土地をかしてくれるというのです。それは、山奥《やまおく》にある5ヘクタール※の土地で、まったく手入れのされていない、まるでジャングルのように草木が生いしげった土地でしたが、中洞さんは、とびあがって喜《よろこ》びました。

5ヘクタールという広さは、たくさんの牛を飼《か》うには、まだ十分な広さとはいえませんでしたが、それでも、数頭の牛を飼うだけなら十分な広さです。中洞さんは、さっそく荷物をまとめて、その山奥の土地へと向かいました。

その土地は、背《せ》の高い野草がびっしりと生いしげり、とても歩けるような場所ではありませんでした。でも、これだけ草が生えていれば、牛たちに食べさせるにも十分です。これでもう、遠くの山まで草を刈《か》りにいかなくても、牛たちは、おなかいっぱい草を食べることができます。

中洞さんはさっそく鎌《かま》をとりだし、その土地の草を刈りはじめました。ま

※**5ヘクタール**：1ヘクタールは、100メートル×100メートルの広さ。5ヘクタールでちょうど東京ドームの広さと同じくらい。

ずはそのジャングルのような場所に、自分が暮《く》らせる家をつくらなければなりません。3年間、毎日草ばかりを刈《か》っていた中洞《なかほら》さんにとっては、この程《てい》度《ど》の作業は苦ではありませんでした。

森の中に、ぽっかりと草のない空間ができると、中洞さんは、さっそく家づくりにとりかかりました。大工さんに家を建《た》ててもらうお金などありませんから、すべて自分の手でつくるしかありません。中洞さんは、近所の粗大《そだい》ゴミ捨《す》て場《ば》から、木材《もくざい》の切れはしやトタンを拾ってくると、器用《きよう》に組みあわせて、小屋をつくりはじめました。足りない材料《ざいりょう》は、まわりに生えている木を切りたおし、木材にして使いました。それはまるで、子どものころにつくった〝秘密基地《ひみつきち》〟のようでした。

なんとか雨や風をしのげる小屋を完成《かんせい》させると、今度は牛舎《ぎゅうしゃ》をつくりはじめました。昼間は自由に、この森に牛たちを放牧《ほうぼく》するつもりでしたが、夜は牛舎《ぎゅうしゃ》に連《つ》れて帰ってこなければいけません。本当なら、昼も夜も、完全《かんぜん》に放《ほう》牧《ぼく》したかったのですが、奥深《おくふか》い山の中では、牛が熊《くま》におそわれてしまうかもしれません。それに、牛たちが本当に、このジャングルのような山の中で、たくましく生きていけるのか、まだ自信《じしん》がなかったのです。

何日かかけて牛舎を完成《かんせい》させると、今度は水道づくりです。とはいっても、水道管《すいどうかん》はありません。近くの小川からパイプをつなぎ、小屋のそばまで水が流れてくるようにしたのです。ゴミ捨《す》て場《ば》から拾ってきた、こわれたバスタブいっぱいに水をためると、中洞《なかほら》さんは、さっそく裸《はだか》になって水を浴《あ》びました。森の中での水浴びは、とても気持ちよく、土地を見つけられなかった、3年間の苦労《くろう》も、きれいさっぱり洗《あら》い流されるようでした。

実家から牛を連《つ》れてくると、牛たちはおいしそうに野草をほおばりはじめました。

「このジャングル牧場《ぼくじょう》から、おれの挑戦《ちょうせん》が始まるんだ」

中洞《なかほら》さんは、ようやく夢《ゆめ》の第一歩を踏《ふ》みだしたのです。そう思うと、手づくりの小屋も牛舎《ぎゅうしゃ》も、なんだか立派《りっぱ》な建物《たてもの》に思えてくるのでした。

山でのサバイバル生活

ジャングル牧場での毎日が始まりました。小さな土地とはいえ、牧場を囲《かこ》う柵《さく》をつくる作業は大変《たいへん》なものでした。ブルドーザーのような、大きな機械《きかい》もありません。全部一人で、手作業でおこなうのです。中洞さんは、ずっしりと重い有刺鉄線《※ゆうしてっせん》の束《たば》を肩《かた》にかつぎ、森の奥《おく》へと向かいました。草を刈《か》り、土を掘《ほ》り、大きな杭《くい》を打ちつけていきます。その杭と杭との間に、有刺鉄線を張《は》っていき、牧柵《ぼくさく》にするのです。

※**有刺鉄線**：トゲのついた鉄線。牧場を囲む柵としてつかう。

小屋のまわり以外《いがい》は、まだまだたくさんの野草に覆《おお》われていましたが、その野草は、牛たちにとっては、おなかいっぱい食べられるえさでした。牛たちは、自分の背《せ》たけよりも高い野草を、むしゃむしゃとおいしそうにほおばります。低《ひく》い枝《えだ》についた木の葉や、大きな木の幹《みき》にからまるツタでさえも、牛たちは勢《いきお》いよく食べていきます。これなら、もう少し牛の数を増《ふ》やしても大丈夫《だいじょうぶ》そうです。中洞《なかほら》さんは、さらに数頭の牛を買い、ジャングル牧場《ぼくじょう》へと放《はな》ちました。

朝と夕方には、牛乳《ぎゅうにゅう》をしぼるため、牛たちを牛舎《ぎゅうしゃ》に連《つ》れて帰ります。ジャングル牧場には、便利《べんり》なミルカーもないため、一頭一頭、手作業で牛乳《ぎゅうにゅう》をしぼります。しぼった牛乳は、大きな牛乳缶《ぎゅうにゅうかん》にためて、近くの川まで持っていき、水につけて冷《ひ》やします。電気が通っていないため、冷蔵庫《れいぞうこ》も使えないのです。

その牛乳缶《ぎゅうにゅうかん》を軽トラックに積《つ》んで、牛乳を集めるトラックがやってくる、道路わきまで運びます。毎朝決まった時間にやってくるトラックは、そこで中洞《なかほら》さんの牛乳を買いとっていくのです。ところが、川の水で冷《ひ》やしただけの牛乳は、夏の暑い時期など、運んでくる間にいたんでしまうことも多く、買いとってもらえないこともよくありました。せっかくしぼった牛乳が売れなかったとき、中洞さんはくやしくてしかたありませんでした。自分一人で飲みきれる量《りょう》ではないので、泣《な》く泣く、牛乳を川に捨《す》てるしかないときもありました。

少しは牧場《ぼくじょう》らしくなってきましたが、まだまだ大変《たいへん》な毎日は続《つづ》きました。なかでも困《こま》ったのが、牛が柵《さく》の外に出てしまうことです。手作業で打ちつけただけの杭《くい》は、雨や風にさらされて、倒《たお》れてしまうこともよくありました。牛たちは、そんなすき間から、牧場の外にある草を求《もと》めて、出ていってしまうのです。

夜になり、そろそろ牛たちを牛舎《ぎゅうしゃ》に連《つ》れて帰ろうと、森のあちこちを探《さが》しても、どこにも牛たちの姿《すがた》が見つからないときがありました。そんなとき中《なか》洞《ほら》さんは、夜になり、どんどん暗くなる森の中を、懐中電灯《かいちゅうでんとう》を片手《かたて》に走りまわるのです。思わぬところで牛を見つけ、ほっと胸《むね》をなでおろすこともあれば、朝まで探《さが》しても見つからないこともありました。

ある夜には、大雨が降《ふ》っているときに、柵《さく》のこわれたところから、牧場《ぼくじょう》の外に牛が出ていってしまいました。中洞さんは、泥《どろ》だらけになりながら、必《ひっ》死《し》に牛を探して走りまわりました。木のかげに何か動くものを見つけ、やっと牛を見つけたと思ったら、大きな熊《くま》がとびだしてきたこともありました。なんとか熊からは逃《に》げることはできましたが、その後いくら探しても、どこにも牛の姿が見あたりません。泣《な》きそうになりながら小屋へともどってみると、探《さが》していた牛が何事もなかったかのように、牛舎《ぎゅうしゃ》でスヤスヤと寝《ね》ていました。中洞《なかほら》さんは、どっとつかれを感じて、その場に倒《たお》れこみそうになりましたが、牛たちが無事《ぶじ》に帰ってきたことに、ほっとひと安心するのでした。

電気が通っていないジャングル牧場《ぼくじょう》の夜は、真っ暗でした。中洞さんは、ランプに火をともし、星をながめながら夜をすごしました。牛乳《ぎゅうにゅう》を売ることで、少しずつ収入《しゅうにゅう》は増《ふ》えていきましたが、まだまだ余裕《よゆう》はありません。

山の中に一人でいると、どうしようもなくさびしくなるときもあります。本当に自分は、正しい道を進んでいるのだろうかと、不安《ふあん》になるときもありました。そんなときは、牛たちの寝ている牛舎《ぎゅうしゃ》に行き、牛たちのぬくもりを感じながら、いっしょに寝転《ねころ》がります。どれだけ不安になっても、大好《だいす》きな牛たちがそばにいるのだと思うと、勇気《ゆうき》がわいてきます。お金はないけれど、たしかにそこには牛たちがいて、牧場と呼《よ》べるものがあるのです。大自然《だいしぜん》の中で、牛たちといっしょに暮《く》らす。それは、中洞《なかほら》さんが幼《おさな》いころから夢《ゆめ》見ていた生活でした。

中洞さんは、毎日懸命《けんめい》に働《はたら》きました。続《つづ》けていれば、いつかは理想の牧場《ぼくじょう》をつくることができるのだと信《しん》じて、前に進んでいきました。そんな中洞さんを、大学の後輩《こうはい》たちが訪《たず》ねてくることがありました。山地酪農《やまちらくのう》に全力でいどむ中洞さんは、後輩たちの間でも、有名な卒業生《そつぎょうせい》だったのです。いったいあの先輩《せんぱい》は、どんな酪農をやっているのだろうかと、後輩たちが、わざわざ東京から、岩手の山奥《やまおく》まで見学にくるのです。ところが後輩たちは、ぼろぼろの服を着て、ゴミのような家に住み、食べるものにも苦労《くろう》している中洞さんを見ると、「とても自分たちにはやっていけない」と、逃《に》げるように帰っていくのでした。

「なんでそんなに簡単《かんたん》にあきらめるんだ。おれはぜったいにあきらめないぞ！」と中洞《なかほら》さんは、後輩《こうはい》たちのうしろ姿《すがた》を見ながら、くやしい思いをかみしめました。もちろん中洞さんにも、ぜったいに成功《せいこう》できるという確信《かくしん》はありませんでした。それでも、今はただ、牛たちと自分を信《しん》じて、がむしゃらに前に進んでいくしかなかったのです。

ついに山を手に入れる

気がつくと、ジャングル牧場《ぼくじょう》で暮《く》らしはじめてから、4年の月日がたっていました。大学を卒業してから7年。中洞さんは、30歳《さい》の誕生日《たんじょうび》をむかえました。誰《だれ》かが祝《いわ》ってくれるわけでもありません。一人でチーズにかじりつきながら、夜の闇《やみ》に揺《ゆ》れるろうそくのあかりを見ていると、このままでは、いつまでたっても状況《じょうきょう》が変《か》わらないのではないかと、不安《ふあん》になるのでした。

毎日牛乳《ぎゅうにゅう》はしぼっていますが、牛乳の収入《しゅうにゅう》だけでは、まだまだ暮《く》らしていけませんでした。朝起きて、牛乳をしぼり、牛たちを山に放牧《ほうぼく》したあと、中《なか》洞《ほら》さんは山仕事のアルバイトに出かけます。アルバイトが終わると、また牧《ぼく》場《じょう》にもどり、牛たちを集め、乳《ち》しぼりをするのです。

冬になると、気温は氷点下まで下がり、雪もつもります。牛たちの食べる草も雪に覆《おお》われてしまうため、冬が来る前に、たくさんの草を刈《か》り、干《ほ》し草《くさ》をつくっておかなければなりません。来る日も来る日も、牛のえさのために草を刈りつづける生活は、実家のせまい畑で牛を飼《か》いはじめたときとあまり変《か》わりませんでした。

大変《たいへん》なわりには、ほとんど収入が増《ふ》えず、自分一人が生きていくのもやっとの生活です。家族はそんな中洞さんを見て、「そろそろあきらめて、役場にでも勤《つと》めたらどうだ」とすすめましたが、中洞さんは聞きませんでした。

冬が終わり、春が来て、また季節《きせつ》がめぐり冬になりました。状況《じょうきょう》はちっとも変《か》わりません。「このままずっと収入《しゅうにゅう》が増《ふ》えなかったら、おれは生きていけなくなってしまう」と思った中洞《なかほら》さんは、なんとか今の状況を、少しでもよくできないかと考えつづけました。

日本国内の牛乳《ぎゅうにゅう》は、農協《のうきょう》（農業協同組合《のうぎょうきょうどうくみあい》）という組織《そしき》が、酪農家《らくのうか》から買いとります。少しでも収入を増やすには、買いとってもらえる牛乳の量《りょう》を増やすしかありませんでした。

牛の数を増やせば、しぼれる牛乳は増えるでしょう。しかしそのためには、たくさんのえさが必要《ひつよう》になります。今の牧場《ぼくじょう》に生えている草だけでは、とても足りません。

せめて、夏場にいたんでしまう牛乳を、じゅうぶんに冷《ひ》やして保管《ほかん》できる冷蔵庫《れいぞうこ》があれば、少しは収入も増えるかもしれません。しかし、ジャングルのようなこの牧場《ぼくじょう》まで電気をひいてくることは、とてもできませんでした。

「せめてもう少し広い土地に引《ひ》っ越《こ》すことができたらなあ。電気の通っている場所なら、冷蔵庫《れいぞうこ》も使えるのに……」とため息をつく中洞《なかほら》さんでしたが、そんな土地をかりるお金はありませんでした。

大学の後輩《こうはい》たちも、まったくやってこなくなりました。

毎日必死《ひっし》に牛の世話を続《つづ》けてはいますが、中洞さん自身、「もうだめかもしれない」と思うことがありました。

そんな苦しい毎日を送る中洞さんに、ある日突然《とつぜん》、信《しん》じられないような話がまいこんできたのです。なんと、今の土地より10倍も広い、50ヘクタール(東京ドーム約《やく》10個分《こぶん》)もの山が手に入るかもしれないというのです。しかもその土地には、できたての牧場施設《ぼくじょうしせつ》にくわえて、牛舎《ぎゅうしゃ》や冷蔵庫、トラクターなど、最新《さいしん》の設備《せつび》も整っているということでした。中洞さんは、「そんなウソのような話があるんだろうか」と疑《うたが》いながらも、まずはくわしい話を聞いてみることにしました。

話を持ってきてくれたのは、町役場の人でした。なんでも、岩手県の酪農《らくのう》を活発にするために、国が立ちあげた事業があるということでした。その事業とは、国のお金で山を整備《せいび》し、そこに牧場《ぼくじょう》をつくり、その牧場を、酪農家に渡《わた》すというのです。しかも、牛舎《ぎゅうしゃ》やサイロ※、さらには酪農家が生活するための家まで建ててくれるといいます。

「そんなにいい話なら、誰《だれ》だってとびつくにちがいないのに、なんでおれなんかに話を持ってきたんだろう」と中洞《なかほら》さんは不思議《ふしぎ》に思いましたが、すぐに事情《じじょう》がわかりました。その牧場は、たしかに国のお金でつくられるのですが、そのお金の一部は、酪農家の負担《ふたん》となるというのです。牧場づくりに使われるお金は、なんと2億円《おくえん》。そのうちの1億3千万円は、国が払《はら》ってくれ

※サイロ：家畜《かちく》のえさを保管《ほかん》しておく円筒形《えんとうけい》の倉庫《そうこ》。

るのですが、残《のこ》りの7千万円は、その牧場《ぼくじょう》に入る酪農家《らくのうか》の借金《しゃっきん》になるのです。7千万円もの借金を背負《せお》うなんて、中洞《なかほら》さんには想像《そうぞう》もできないことでした。なにしろ、今の収入《しゅうにゅう》は、1年間で100万円くらいしかありません。その半分を借金を返すために使うとしても、7千万円を返すには、140年もかかってしまうのです。

ところが、中洞さんは、その牧場《ぼくじょう》がつくられる50ヘクタールの山が、いったいどんな山なのか、気になってしかたありませんでした。役場の人に場所を聞くと、さっそくその山を見にいくことにしました。

細い道を進むこと1時間、やっと見えてきたその山は、思わずため息が出るほどすばらしい山でした。遠くまで続《つづ》く丘《おか》には、いろいろな種類《しゅるい》の木や草花が生えており、ところどころ、すきとおった小川が流れています。尾根《おね》には気持ちのよい風がふき、見《み》わたすかぎり、まだ人の手の入っていない自然《しぜん》な山林が広がっています。

「この美しい山が、手に入るかもしれないなんて、まるで夢《ゆめ》のようだ!」と興奮《こうふん》する中洞《なかほら》さんでしたが、7千万円の借金《しゃっきん》は、あまりにも大きすぎます。はたしてそんな大きな金額《きんがく》の借金を、本当に返していけるのか、中洞さんには自信《じしん》がありませんでした。

それでも、この山で牧場《ぼくじょう》を始めれば、牛の数も増《ふ》やせるし、夏でも牛乳《ぎゅうにゅう》をいためずに保管《ほかん》する設備《せつび》もあります。今よりも、ずっと収入《しゅうにゅう》を増《ふ》やすことができるかもしれません。それに、この機会《きかい》をのがしたら、あんなに美しい山は、もう二度と手に入れられないかもしれません。ジャングル牧場《ぼくじょう》での生活にも、ちょうど限界《げんかい》を感じているところでした。

「よし、悩《なや》んでいてもしかたがない。このチャンスに人生をかけるんだ。もともと、命をかけてこの道をつき進むはずだったじゃないか。死にものぐるいで挑戦《ちょうせん》すれば、7千万円の借金《しゃっきん》だって、返していけるにちがいない」

翌日《よくじつ》、中洞《なかほら》さんは役場の人に連絡《れんらく》して、契約書《けいやくしょ》にハンコを押《お》しました。その瞬間《しゅんかん》から中洞さんは、理想の山を手に入れると同時に、7千万円もの借金を背負《せお》うことになったのです。

もう後には引けません。何が起きようとも前に進むだけだと、中洞さんは、自分をふるいたたせるように、ギュッとこぶしをにぎりしめました。

「なかほら牧場」

50ヘクタールの山では、順調《じゅんちょう》に工事が進んでいました。牛舎《ぎゅうしゃ》やサイロが建《た》てられ、新品《しんぴん》のトラクターも運ばれてきました。なかには、中洞さんには必《ひつ》要《よう》のない、近代酪農《きんだいらくのう》のための設備《せつび》もありました。その設備のぶんだけ借金も増《ふ》えるのかと思うと、中洞《なかほら》さんは、「そんなものは必要《ひつよう》ない」と断《ことわ》りたかったのですが、それらもふくめて全部引きうけることが、この事業に申しこむための条件《じょうけん》でした。

この開発事業は、なにも国が趣味《しゅみ》でやっているわけではありません。中洞さん自身、大きな借金《しゃっきん》を背負《せお》うとはいえ、半分以上《いじょう》のお金は、国が支払《しはら》うのです。国としても、少しでも早く牧場《ぼくじょう》の経営《けいえい》を安定させ、収入《しゅうにゅう》を増《ふ》やしてもらわなければいけません。そのため国は、〝技術指導員《ぎじゅつしどういん》〟と呼《よ》ばれる人たちを牧場に送りこみ、「近代酪農《きんだいらくのう》をやるように」と、中洞さんにすすめてくるのです。

広大な土地があるにもかかわらず、技術指導員は、牛たちを牛舎《ぎゅうしゃ》で飼《か》うようにと言ってきました。牛のえさも、牧草《ぼくそう》のほかに、配合飼料《はいごうしりょう》をたっぷりと与《あた》えなさいと言うのです。中洞さんは、聞いているふりをしてごまかしていましたが、どうしてもがまんできないことが一つだけありました。それは、牧草地《ぼくそうち》のつくりかたです。

牧草地のつくりかたには、大きく分けて二つの方法《ほうほう》があります。

一つは、地面をブルドーザーで掘《ほ》りおこし、そこに大量《たいりょう》の化学肥料《かがくひりょう》をまいて、牧草を育てる方法です。牧草も、自然《しぜん》に生えてくるものではなく、外国から輸入《ゆにゅう》した、成長《せいちょう》のはやい牧草の種《たね》を植えるのです。

もう一つは、地面を掘りおこすことなく、そのまま、山の土を使って牧草を育てる方法です。そこにはすでに、さまざまな植物が生えているため、牧《ぼく》草《そう》が根づくには時間がかかります。

指導員《しどういん》は、中洞《なかほら》さんに少しでも早くたくさんの牛乳《ぎゅうにゅう》をつくってもらいたいため、一つめの方法《ほうほう》をすすめてきました。しかし、中洞さんは、二つめの方法で牧草を育てるべきだと考えていたため、指導員に強く反対したのです。

このあたりの山は、真砂土《まさど》という、ほとんど栄養《えいよう》のない砂《すな》や岩でできています。そのままでは、ほとんど植物も育ちません。しかしその表面には、豊《ゆた》かな土の層《そう》があり、その土の栄養のおかげで、山の植物は生きていくことができるのです。

中洞《なかほら》さんは、その山の表面を覆《おお》う、黒くてやわらかい土にふれるたびに、大自然《だいしぜん》の恵《めぐ》みを感じるのでした。落ち葉や木の実、虫や動物の死がいが積《つ》みかさなり、それを微生物《びせいぶつ》が分解《ぶんかい》し、栄養豊かな土へと変《か》えていくのです。この土は、ほんの20〜30センチメートルほど山の表面に積みかさなっているだけですが、何万年、何億年《なんおくねん》という気が遠くなるほどの長い年月をかけて、数えきれないほどたくさんの命によってつくられたものなのです。それを根こそぎ掘《ほ》りおこしてしまうなんて、中洞《なかほら》さんにはとても許《ゆる》すことができませんでした。

「山の大切な表土をはぎとるなんて、自然《しぜん》への冒《ぼう》とくだ！」と、ものすごい勢《いきお》いでまくしたてる中洞《なかほら》さんに、指導員《しどういん》もあきらめました。牧草地《ぼくそうち》をつくるための表土は、そのまま守られることになったのです。

しかし、少しでもたくさんの牧草をつくらせたい指導員は、牧草の種類《しゅるい》だけは、野《の》シバではなく、外国産《がいこくさん》の牧草を使うようにと言って、ゆずりませんでした。外国産の牧草は、たしかに短期間で、たくさん収穫《しゅうかく》できるのですが、もともとは日本の山の環境《かんきょう》に合った植物ではありません。きちんと育てるには、人間が化学肥料《かがくひりょう》をまきつづけなければいけないのです。

化学肥料《かがくひりょう》がまかれてしまった牧草地を、中洞さんは残念《ざんねん》な思いでながめていましたが、「表土を残《のこ》せただけでもよかった」と自分をなっとくさせるしかありませんでした。

「初《はじ》めの数年はしかたない。まずは経営《けいえい》を安定させて、うるさい指導員がやってこなくなったころに、野《の》シバの牧草地《ぼくそうち》に変《か》えてしまおう。そうなったら、化学肥料《かがくひりょう》だって、二度と牧草地にまかなくてもよくなる。牛の糞尿《ふんにょう》を大地にかえし、自然《しぜん》のままの牧草を育てるんだ」と中洞《なかほら》さんは心の中で思いました。

その後も中洞さんと指導員《しどういん》は、いろいろな場面でぶつかりましたが、なんとか牧場《ぼくじょう》の整備《せいび》も終わり、ついに引きわたしの日がやってきました。銀色のサイロが、ピカピカと青い空にかがやいています。中洞さんは山のてっぺんに登り、見わたすかぎりの牧場を、満足そうにながめました。人生で初《はじ》めての、かりものではない自分の牧場、「なかほら牧場」が誕生《たんじょう》した瞬間《しゅんかん》です。

「ここからが本当の挑戦《ちょうせん》だ。何年かかっても、この山を理想の牧場にしてみせるぞ」

中洞さんが結婚《けっこん》をしたのも、ちょうどこのころでした。いつまでも牛のことばかり考えている中洞さんに、親戚《しんせき》がなかば強引《ごういん》に、お見合いの機会《きかい》をつくってくれたのです。

たとえお見合いの日であっても、牛の世話をしないわけにはいきません。中洞《なかほら》さんは、お見合い当日、朝の乳《ちち》しぼりを終えると、あわてておお見合い会場に向かいました。お見合い相手のえく子さんは、会場にやってきた中洞さんの姿《すがた》を見ておどろきました。なんと中洞さんは、仕事で汚《よご》れたジャージを着たまま、やってきたのです。

「なんて失礼《しつれい》な人だろう！」とえく子さんは思いましたが、牛のことを心から愛《あい》する中洞さんの話を聞いているうちに、二人でいっしょに、牧場《ぼくじょう》で夢《ゆめ》を追いかけるのもいいかもしれないと、思うようになりました。

すぐに結婚《けっこん》が決まり、夫婦《ふうふ》二人で「なかほら牧場」を切《き》り盛《も》りする毎日が始まりました。子どもも生まれ、ずっと一人で牛と暮《く》らしてきた中洞さんも、にぎやかな家族のお父さんとなったのです。

そのころはまだ、マイナス20℃近くにもなる雪の中に牛を放牧《ほうぼく》する自信《じしん》はなく、冬は牛舎《ぎゅうしゃ》の中で牛を飼《か》っていました。ところが、牛舎の中で牛を飼うとなると、えさやりや、糞尿《ふんにょう》の片《かた》づけだけでも、朝から晩《ばん》までかかる、大変《たいへん》な作業になってしまいます。中洞《なかほら》さんは、夫婦《ふうふ》で力を合わせ、毎日限界《げんかい》まで働《はたら》いていました。汗《あせ》まみれ、糞尿まみれの生活でしたが、以前《いぜん》の生活とくらべると、はるかに充実《じゅうじつ》した毎日でした。ときには倒《たお》れそうなほどつらい日もありましたが、少しずつ牛の数を増《ふ》やしていき、経営《けいえい》も安定《あんてい》してきました。

「なかほら牧場《ぼくじょう》」を始めてから5年目には、牛の数が60頭近くにまで増えました。それなりにたくさんの牛乳《ぎゅうにゅう》をつくることができるようになり、指導員《しどういん》もあまりうるさく言わなくなってきました。

「そろそろ本格的《ほんかくてき》な山地酪農《やまちらくのう》にとりくんでいいころかもしれない。外国産《がいこくさん》の牧草《ぼくそう》じゃなく、野《の》シバの牧草地をつくるんだ」と中洞さんは思いました。

山地酪農《やまちらくのう》にいどむ

山地酪農とは、たんに山で牛を飼《か》うことではありません。野《の》シバを牛のえさとすることで、人間が世話をしなくても、山と牛が、おたがいに助けあうような環境《かんきょう》をつくるのです。その環境は、人間だけでつくるものではありません。牛たちといっしょにつくっていくものなのです。

牛を放牧《ほうぼく》しているのは、まだまだ山のほんの一部です。牛を囲《かこ》う柵《さく》の外には、人が入ったこともない、広大な山林が広がっています。そこに牛を放《はな》つことによって、その山林に、自然《しぜん》の野シバが広がっていくのです。

「さあ、いよいよ森を切りひらいていくときだ。頼《たの》んだぞ、お前たち」と中《なか》洞《ほら》さんは、今まで牛を囲っていた柵を外しました。牛たちは、草の生いしげる森の中に、次つぎと入っていきます。食べられる草を求《もと》めて、牛たちは、森の奥《おく》へ、奥へと進んでいきました。

牛に食べられたり、踏《ふ》みつけられたりすることで、背《せ》の高い草が少しずつ減《へ》っていきます。同時に、中洞《なかほら》さんも森に入り、周囲《しゅうい》の高い木の枝《えだ》を切ります。こうして背の高い草木が減ることで、地面を覆《おお》っている野《の》シバにも、太陽の光が届《とど》くようになります。たくさんの光を浴《あ》びた野シバは、持ち前の生命力を発揮《はっき》して、ぐんぐんと根をのばし、広がっていきます。

その間にも、牛たちはさまざまな種類《しゅるい》の植物を食べつづけます。時間とともに、再生力《さいせいりょく》の弱い植物は減《へ》り、その環境《かんきょう》にもっとも適《てき》した植物だけが、生きのこっていくのです。牛たちの入っていったあとの森には、ゆっくりと、しかし着実に、野《の》シバの草原が広がっていきました。牛の糞尿《ふんにょう》は大地の栄養《えいよう》となり、そこからまた、新しい野シバが芽《め》ぶきます。こうして少しずつ森のようすは変《か》わっていき、山が牛を助け、その牛がまた山に栄養《えいよう》をかえす環境が、できあがっていくのです。

牛たちが少しずつ山の環境《かんきょう》に慣《な》れていくようすを見ていた中洞《なかほら》さんは、このタイミングで、繁殖《はんしょく》も牛たちの自由にさせることにしました。それまでは、人工授精《じんこうじゅせい》で妊娠《にんしん》させていたのですが、本来はそれも不自然《ふしぜん》なことなのです。牛たちは、人間の手をかりなくても、自然の中で子どもを産《う》み、育てることができるのです。

みなさんもテレビなどで、酪農家《らくのうか》や獣医《じゅうい》が、子牛の足をつかみ、お母さん牛から引っぱり出すようすを見たことがあるかもしれませんが、それは異常《いじょう》な出産《しゅっさん》なのだと中洞さんは言います。中洞さんの牧場《ぼくじょう》でも、人工授精に頼《たよ》っていたころは、※逆子《さかご》などの異常出産が多く、ときにはお母さん牛の体内で、子牛を殺《ころ》さなければいけなかったこともありました。ところが、繁殖をすべて牛にまかせたとたん、そのような異常出産はいっさい起こらなくなったの

※**逆子**：産まれてくる前に母牛の体内で子牛の向きが逆《ぎゃく》（うしろ足が先に出てくる状態《じょうたい》）になってしまっていること。

です。

山で生まれた子牛は、1時間半くらいで立ちあがり、力強くお母さん牛のおっぱいにしゃぶりつきます。自然《しぜん》の中でたくましく育った子牛は、険《けわ》しい山の中でも転ぶことなく、元気にかけまわって遊びます。

牛たちは、朝夕の乳《ちち》しぼりの時間だけ、山を下りて、牛舎《ぎゅうしゃ》へと帰ってきます。おっぱいが張《は》ったままだと、牛も気持ちよくないため、自分から山を下りてきてくれるのです。えさを食べることに夢中《むちゅう》になっている牛もいますが、中洞《なかほら》さんが「こー、こー、こー（来い、来い、来い）」と声をかけにいくと、思いだしたように、山を下りはじめます。

乳《ちち》しぼりが終わると、牛たちはまた、スッキリしたようすで、山へともどっていきます。それ以外《いがい》の時間は、牛たちは自由に、好《す》きな場所でえさを食べ、気の向くままにすごします。

秋が深まり冬が近づくと、野《の》シバは枯《か》れて、黄金色《こがねいろ》の草原へと変《か》わります。やがてその草原も、雪で覆《おお》いつくされ、山は一面、真っ白になります。そうなると牛も牧草《ぼくそう》を食べることができないため、冬場には、あらかじめ用意しておいた干《ほ》し草《くさ》や、サイレージ※を与《あた》えることになります。

マイナス20℃近くにもなる寒い冬に、牛を山に放牧《ほうぼく》しておいてもよいものか、中洞《なかほら》さんも悩《なや》んでいました。山地酪農《やまちらくのう》は、24時間放牧を一年中おこなうのが基本《きほん》です。しかし、日本の中でもとくに寒く、たくさんの雪が降《ふ》るこの地域《ちいき》でも、本当にそれは可能《かのう》なのでしょうか。山で生活をする牛のたくましさは、十分に知っているつもりでしたが、それでも「もし山の中で凍《こご》えてしまったら……」と思うと、なかなかそこまでの放牧《ほうぼく》にはふみきれません。

しかし、いずれは冬場も24時間放牧をおこなうつもりでした。それができれば、冬場も牛舎《ぎゅうしゃ》内の作業をしなくてよくなります。人間の負担《ふたん》が減《へ》ること

※**サイレージ**：牧草《ぼくそう》を発酵《はっこう》させ、長期保存《ちょうきほぞん》を可能《かのう》にしたもの。

も、山地酪農《やまちらくのう》の大きな利点《りてん》の一つなのです。

日に日に寒さが増《ま》すにつれ、山を歩く牛たちの体にも、変化《へんか》があらわれてきました。寒さにそなえるように、体じゅうの毛が、ふわふわとした冬毛に生えかわっていったのです。中洞《なかほら》さんが手をのばしてそっとふれてみると、ぽかぽかとした牛の体温が伝《つた》わってきます。

「牛たちを信《しん》じてみよう」

中洞さんは、ついに冬場の放牧《ほうぼく》を決心しました。

ちらほらと空をただよっていた粉雪《こなゆき》は、夜になると吹雪《ふぶき》になり、野山を一面真っ白に覆《おお》いはじめました。音もなく夜《よ》どおし降《ふ》りつづける雪を窓《まど》からながめていると、中洞さんはいてもたってもいられず、牛たちのようすを見に、外へとかけだしました。するとそこでは、長いまつ毛の先に、雪の結晶《けっしょう》をつけた牛たちが、身をすりよせあい、ぐっすりと眠《ねむ》っていたのです。

翌朝《よくあさ》牛たちを見ると、ふだんと変《か》わることなく、雪に覆《おお》われた山肌《やまはだ》をのんびりと歩いています。サイレージを与《あた》えにいくと、牛たちが、その香《こう》ばしいにおいにつられてやってきました。むしゃり、むしゃりと、たくましくあごを動かす牛を見て、中洞《なかほら》さんは、ついに冬場の24時間放牧《ほうぼく》を達成《たっせい》したのだと実感しました。

「大自然《だいしぜん》の中で生きる牛は、やっぱりとても美しい。おれはこの光景《こうけい》にあこがれて、牛飼《うしか》いをめざしていたんだ」

理想の酪農《らくのう》が、目の前で現実《げんじつ》のものとなったのです。中洞さんは、ふわふわとあたたかい牛の体をなでながら、しあわせそうにほほえみました。

第4章

しあわせの牛乳《ぎゅうにゅう》

乳脂肪分《にゅうしぼうぶん》3・5%の壁《かべ》

雄大《ゆうだい》な山の中で、のんびりと草を食べる牛たちの姿《すがた》は、なんとも美しいものでした。今や牛たちは、中洞《なかほら》さんが世話することなく、自由に「なかほら牧場《ぼくじょう》」の山を歩き、草を食べ、子牛を産《う》んでいるのです。「これこそが、人も牛もしあわせに生きていける酪農《らくのう》だ」と、中洞さんは、満足《まんぞく》そうに山をながめました。

今では乳《ちち》しぼりのときに〝おやつ〟として与《あた》えているわずかな穀物《こくもつ》のえさをのぞいて、牛たちは、完全《かんぜん》に山の植物を食べて暮《く》らしています。その穀物の〝おやつ〟も、信頼《しんらい》できるところからとりよせた国産品《こくさんひん》です。〝おやつ〟は、ちょっとした栄養補給《えいようほきゅう》の意味もありますが、乳《ちち》しぼりのために、山から下りてきてくれる牛たちに与《あた》える、ごほうびのようなものでもあります。味の濃《こ》い穀物《こくもつ》のえさは、牛たちにとってもおいしいのでしょう。乳《ち》しぼりを終えて、おっぱいもスッキリし、ちょっとした〝おやつ〟も食べた牛たちは、また満《まん》足《ぞく》そうに山にもどっていくのです。

中洞《なかほら》さんは、その〝おやつ〟をつくるにも、海外の穀物はぜったいに使いませんでした。輸入《ゆにゅう》穀物にふくまれる、防腐剤《ぼうふざい》や殺虫剤《さっちゅうざい》が心配だったのです。海外から輸入されてくる穀物や干《ほ》し草《くさ》には、長い船旅の間に腐《くさ》らないように、人間の体には毒《どく》となる防腐剤や殺虫剤が使われているものもあるのです。それらはいずれ、牛の体を通して牛乳《ぎゅうにゅう》に入り、その牛乳を飲んだ人間の体にも入ってくるかもしれません。安全、安心な食べ物をつくることも、酪農家《らくのうか》のやるべき大切な仕事なのだと、中洞さんは考えています。

牛たちは今日も健康《けんこう》に山を歩き、自然《しぜん》でおいしい牛乳をつくってくれています。家族の助けもあり、牧場《ぼくじょう》の経営《けいえい》も安定してきました。

「大丈夫《だいじょうぶ》だ。このままやっていけるぞ。山地酪農《やまちらくのう》を続《つづ》けながら、7千万円の借金《しゃっきん》も返していける」と、そう思っていた矢先のことでした。中洞《なかほら》さんの前に、かつてないほどの、大きな壁《かべ》が立ちはだかったのです。

それは朝の乳《ちち》しぼりも終わり、ゆったりと休憩《きゅうけい》をしていたときのことでした。近所に住む酪農家《らくのうか》が、ふらりと中洞さんの家を訪《たず》ねてきたのです。

「中洞さん、聞いたかい？　今度、牛乳《ぎゅうにゅう》の買いとり基準《きじゅん》が変《か》わるそうだよ」

と、そのご近所さんは話しはじめました。なんでも、農協《のうきょう》が新しくつくった基準によると、3・5％以上《いじょう》の乳脂肪分《にゅうしぼうぶん》がふくまれていない牛乳は、その買いとり価格《かかく》が半額《はんがく》になってしまうというのです。

乳脂肪分とは、牛乳にふくまれる脂肪《しぼう》のことです。牛乳を販売《はんばい》するには、牛乳に3・0％以上の乳脂肪分がふくまれていなければいけないと、法律《ほうりつ》で決められています。ところが、農協が定めたその新しい基準では、3・0％

ではなく、3・5%以上《いじょう》の乳脂肪分《にゅうしぼうぶん》がふくまれていなければ、どんな牛乳《ぎゅうにゅう》であっても、半額《はんがく》でしか買いとってもらえないというわけです。

「そんなバカな話があるか！」と中洞《なかほら》さんは叫《さけ》びました。乳脂肪分が3%であっても、3・5%であっても、牛乳であることに変《か》わりはないのです。それなのに、乳脂肪分のわずかな差《さ》で値段《ねだん》が半額《はんがく》になってしまうなんて、なっとくできませんでした。

牛乳にふくまれる成分《せいぶん》は、牛の健康状態《けんこうじょうたい》や、食べているえさで変わります。牛舎《ぎゅうしゃ》の中で牛を飼《か》い、ほとんど運動もさせずに、栄養価《えいようか》の高い配合飼料《はいごうしりょう》ばかりを与《あた》えていれば、その牛乳にふくまれる乳脂肪分は高くなります。3・5%以上の乳脂肪分がふくまれる牛乳をつくること自体は、そんなに難《むずか》しいことではありません。

ところが、山地酪農《やまちらくのう》で育てた牛から乳脂肪分3・5%以上の牛乳を得《え》るのはとても難《むずか》しいことです。自然《しぜん》の草には、水分が多くふくまれていて、これを主食にしている牛のつくる牛乳《ぎゅうにゅう》は、穀物《こくもつ》を食べる牛の牛乳よりも、乳脂肪《にゅうしぼう》分《ぶん》の低《ひく》いものになってしまいます。「なかほら牧場《ぼくじょう》」の牛乳の乳脂肪分は、だいたいいつも、3・2%から3・5%の間なので、農協《のうきょう》の新しい基準《きじゅん》をほとんど満《み》たすことができないのです。

ご近所さんは話を続《つづ》けました。

「まあ、うちの牧場では、配合飼料《はいごうしりょう》と牛舎飼《ぎゅうしゃが》いで牛を育てているから、こんな基準、どうってことないんだけどね。中洞《なかほら》さんのところは、買いとり額《がく》が半分になって大変《たいへん》でしょ？　山地酪農《やまちらくのう》なんて、時代おくれの酪農は、そろそろやめたほうがいいんじゃないかな」

その言葉を聞いて、中洞さんは、目の前が真っ暗になる思いでした。やっとの思いでここまでつくりあげてきた牧場で、牛たちは、毎日、すばらしい牛乳《ぎゅうにゅう》をつくってくれているのです。それなのに、もしこの基準《きじゅん》が本当に始まってしまったら、一気に収入《しゅうにゅう》が減《へ》ってしまいます。牧場《ぼくじょう》も続《つづ》けていけなくなってしまうかもしれません。中洞《なかほら》さんは、カッとなって叫《さけ》びました。

「うるさい！　おれは、自分の酪農《らくのう》を信《しん》じてるんだ！　山地酪農《やまちらくのう》で育てた牛の牛乳が、なんで近代酪農で育てられた牛の牛乳よりも安くなければいけないんだ。おれはぜったいに、配合飼料《はいごうしりょう》なんてやらないぞ。牛舎飼《ぎゅうしゃが》いだって、ぜったいにやらない！」

よかれと思って中洞《なかほら》さんに忠告《ちゅうこく》しにきたご近所さんでしたが、逆《ぎゃく》にどなられてしまったことにおどろいて、そそくさと帰っていきました。中洞さんは、その場でぼうぜんと立ちつくしました。配合飼料を与《あた》えれば、放牧《ほうぼく》をしながらでも、乳脂肪分《にゅうしぼうぶん》を増《ふ》やすことができるかもしれません。でもそれでは、牛の体に負担《ふたん》をかける近代酪農と変《か》わらないものになってしまいます。山地酪農の理想を追う中洞《なかほら》さんにとって、それだけはどうしてもできないことでした。

しかし、実際《じっさい》にその基準《きじゅん》が始まると、中洞さんの心もくじけそうになりました。乳脂肪分《にゅうしぼうぶん》が、たまたま3・5％を上まわっているときはよいのですが、少しでも下まわると、本当に半額《はんがく》でしか買いとってもらえないのです。一気に収入《しゅうにゅう》が減《へ》り、借金《しゃっきん》を返すどころではありませんでした。収入が減っても、牧場《ぼくじょう》の経営《けいえい》は変《か》わらず続《つづ》けていかなければなりません。必要《ひつよう》な道具や材料《ざいりょう》を買うたびに、ますます借金がふくらんでいきました。

全国の山地酪農家《やまちらくのうか》から、「もうやっていけない」と、廃業《はいぎょう》を知らせる手紙が中洞さんのところに届《とど》きはじめました。猶原《なおはら》さんのもとで、中洞さんといっしょに山地酪農を学んでいた仲間《なかま》です。そんな仲間たちが、日本各地《にほんかくち》で、山地酪農による牧場を少しずつ成功《せいこう》させていた時期でした。「うちではもう牧場《ぼくじょう》を続《つづ》けていけない。かといって、山地酪農《やまちらくのう》をやめて、近代酪農をやるなんてまっぴらだ」と手紙には書かれていました。牛が大好《だいす》きだからこそ、牛を苦しめる酪農をするくらいなら、酪農そのものをやめてしまったほうがよいというのです。

この基準《きじゅん》をきっかけに、酪農の世界はまったく変《か》わってしまいました。その当時、全国には２００か所《しょ》近い、山地酪農家の牧場がありましたが、そのほとんどがこの基準によって姿《すがた》を消してしまったのです。中洞《なかほら》さんも、いつまで牧場を続けていけるのか、まったくわからなくなりました。

自分の牛乳《ぎゅうにゅう》を信《しん》じる

朝の乳《ちち》しぼりが終わり、農協《のうきょう》のトラックがやってきても、中洞《なかほら》さんの気分は沈《しず》んだままでした。きっと今日も、半額《はんがく》でしか牛乳を買いとってもらえないのだと思うと、牛たちに申《もう》し訳《わけ》ない気持ちになるのです。

いったいなぜ、こんな基準《きじゅん》ができてしまったのでしょう。「乳脂肪分《にゅうしぼうぶん》の高い牛乳のほうが味がよく、お客さんにたくさん売れるから」というのが、農協や乳業《にゅうぎょう》メーカーの答えでした。牛乳を買うお客さんのほとんどが、乳脂肪分の高い牛乳を求《もと》めているというのです。

しかし本当に、乳脂肪分の高い牛乳のほうがおいしいのでしょうか。中洞さんには、そんなことは信《しん》じられませんでした。そんなわずかな乳脂肪分のちがいよりも、牛の健康状態《けんこうじょうたい》やえさの種類《しゅるい》のほうが、よっぽど牛乳の味に影《えい》響《きょう》しそうなものだと、中洞《なかほら》さんには思えてしかたありませんでした。

「なかほら牧場《ぼくじょう》」の牛乳《ぎゅうにゅう》は、コクがありながらも後味がさっぱりとしています。これが、中洞さんが幼《おさな》いころから親しんできた牛乳本来の味なのです。穀物《こくもつ》のえさを食べる牛からしぼられる牛乳の味は、自然《しぜん》のものではないと中洞さんは考えていました。「自分の牛乳は、まちがっていないはずだ」と思う中洞さんでしたが、実際《じっさい》に半額《はんがく》でしか買いとってもらえないと、その自信《じしん》もゆらぎました。

「今回も乳脂肪分《にゅうしぼうぶん》が基準値以下《きじゅんちいか》ですね。申《もう》し訳《わけ》ありませんが、半額での買いとりになります」

牛乳を集めにきた農協職員《のうきょうしょくいん》にそう言われると、「お前に牛乳の本当の価値《かち》がわかるのか!」とどなりたくなる中洞さんでしたが、ぐっとがまんするしかありませんでした。

中洞さんはひとり頭をかかえ、牛たちのいる山に登っていきました。伐採《ばっさい》した木の枝《えだ》を集めてたき火をするのが、中洞《なかほら》さんの日課《にっか》です。ぱちぱちと音をたてるたき火のそばに腰《こし》をおろし、空にのぼる火《ひ》の粉《こ》を、あてもなくながめます。やっと実現《じつげん》したと思った理想の牧場《ぼくじょう》ですが、もう続《つづ》けていけないかもしれません。

「ここまで信《しん》じてやってきたことは、まちがっていたのだろうか。自分の牛たちの牛乳《ぎゅうにゅう》は、価値《かち》のないものなんだろうか……」と、いろいろな思いが頭をかけめぐりますが、解決策《かいけつさく》は思いつきませんでした。

山を見おろすと、2頭の子牛が追いかけっこをしています。お母さん牛は、少し離《はな》れたところで子牛を気づかいながら、のんびりと休んでいます。

このままでは借金《しゃっきん》は返せず、この牧場も手放《てばな》すしかありません。大好《だいす》きな牛たちと暮《く》らせる「なかほら牧場」の生活も、もう終わってしまうのかと思

うと、中洞《なかほら》さんは悲しくなりました。

そんなある日のことです。久《ひさ》しぶりに会った親戚《しんせき》から、こんなことを言われました。

「しぼりたての牛乳《ぎゅうにゅう》って、やっぱりお店で買う牛乳とは味がちがうんでしょ。もしよかったら少しでいいから、しぼりたての牛乳をわけてもらえない？」

しぼりたての牛乳は、お店には売っていません。商品として牛乳を売るには、しぼったあとに必《かなら》ず殺菌《さっきん》をしなければいけないからです。中洞さんは、しぼりたての牛乳をペットボトルに詰《つ》めると、その親戚の家まで届《とど》けました。

「そのまま飲んでも、お腹《なか》をこわすことはないと思いますが、殺菌をしていない牛乳なので、念《ねん》のため、一度わかしてから飲んでくださいね」と、中洞さんはその牛乳を手わたしました。

それから数日後のことです。その親戚から、こんな感想が返ってきました。

「こんなにおいしい牛乳は飲んだことがない！　ふつうにお店に売っている牛乳《ぎゅうにゅう》よりも、なんだかさっぱりとしていて飲みやすいし、牛乳が苦手な子どもたちも、この牛乳は喜《よろこ》んで飲むので助かりました」

これには中洞《なかほら》さんもおどろきました。自分の牛乳だけが毎日半額《はんがく》で買いとられていくので、自分の牛乳は、ほかの牛乳よりもだめな牛乳なんじゃないかと、悩《なや》んでいたのです。まさかそのような感想が返ってくるとは、想像《そうぞう》もしていませんでした。「やっぱりうちの牛乳を認《みと》めてくれる人もいるんだ！」と、中洞さんはうれしくなりました。

自然《しぜん》の草を食べる牛からしぼった「なかほら牧場」の牛乳。穀物《こくもつ》のえさを食べている牛からしぼった牛乳とはまったくちがう味になるのも当然《とうぜん》です。しかしほとんどの人は、そんな牛乳を口にすることはありません。どれだけ中洞さんが、ほかの牧場《ぼくじょう》とはちがうやりかたで牛乳をつくっても、農協《のうきょう》に買いとられたら、ほかの牧場《ぼくじょう》の牛乳《ぎゅうにゅう》と混《ま》ぜられてしまうのです。

「ほかの牧場の牛乳と混《ま》ぜられることなく、うちの牛乳を直接《ちょくせつ》お客さんに売ることはできないだろうか……」と中洞《なかほら》さんは考えました。ほかの牧場とはちがうからこそ、そこに価値《かち》を見いだしてくれる人もいるかもしれません。化学肥料《かがくひりょう》を使わない自然《しぜん》の草を食べる牛からしぼった、安全で安心な牛乳には、ほかの牧場の牛乳にはない魅力《みりょく》があるはずです。

たとえば牛乳以外《いがい》の、野菜《やさい》の市場《しじょう》を見てみるとどうでしょう。野菜そのものにふくまれる栄養分《えいようぶん》も大切ですが、どこの産地《さんち》で、いったいどんな農家の人がつくった野菜なのかが表示《ひょうじ》されるようになってきています。それは野菜を買う人たちが、たんに安い野菜を求めているわけではなく、多少高くても、化学肥料を使っていない、安全で安心な野菜を求《もと》めているからです。

牛乳を買うほとんどの人は、その牛乳がいったいどんな牧場で、どんな酪《らく》農家《のうか》によってつくられているものなのか、まったく知りません。牛たちがどんなえさを食べ、どんなところで生活をしているのか、知る機会《きかい》もないのです。ただなんとなく、牛といえば、牛乳《ぎゅうにゅう》のパッケージにあるように、草原でゆったりと草を食べているものだと思っています。

もしそういった人たちに、牛乳が本当はどのようにつくられているかを伝《つた》えることができたなら、山地酪農《やまちらくのう》でつくられる牛乳に興味《きょうみ》をもってくれる人もいるかもしれません。

「ストレスもなく元気に山を歩き、化学肥料《かがくひりょう》を使っていない自然《しぜん》の草を食べる牛たちの牛乳には、ぜったいに乳脂肪分《にゅうしぼうぶん》の高さよりも、大切な価値《かち》があるはずだ。何をくよくよ悩《なや》んでいたんだろう。酪農家が自分の牛乳の価値を信《しん》じなくてどうするんだ！」

中洞《なかほら》さんの中から、ふたたびめらめらと闘志《とうし》がわいてきました。

「なかほら牧場牛乳《ぼくじょうぎゅうにゅう》」

大切な牛たちのつくった牛乳を、その価値《かち》のわかる人に直接《ちょくせつ》届《とど》ける。それが中洞《なかほら》さんの新たな挑戦《ちょうせん》でした。ふつうに農協《のうきょう》に出荷《しゅっか》していたら、ほかの牧《ぼく》場《じょう》の牛乳と混《ま》ぜられてしまいます。それではせっかく山地酪農《やまちらくのう》でつくった牛乳も、わからなくなってしまいます。なんとかして、自分の牧場でしぼった牛乳だけを、「なかほら牧場」の牛乳として届《とど》けられないだろうか。中洞さんはその方法《ほうほう》を考えはじめました。

しかし、いったいどこから手をつけたらいいか、さっぱりわかりません。中洞さんは、牛を育てることについては、何でも知っているつもりでしたが、それをどのようにして商品にするのかとなると、まったくわかりませんでした。中洞さんだけではありません。たいていの酪農家は、自分の牛乳が農協に買いとられたあと、いったいどのようにしてスーパーにならぶのかなど、知る必要《ひつよう》もないのです。

中洞《なかほら》さんは、さまざまな本を読んだり、専門家《せんもんか》に話を聞いたりと、自分の牛乳《ぎゅうにゅう》を商品にするために必要《ひつよう》なことを学びはじめました。

日本の法律《ほうりつ》で、牛乳を商品にするためには「殺菌《さっきん》」をしなければならないと定められています。農協《のうきょう》によって集められた牛乳は、その後乳業《にゅうぎょう》メーカーが買いとり、大きな工場で殺菌します。「なかほら牧場《ぼくじょう》」の牛乳も、商品として売るためには、何らかの方法で殺菌をする必要があるのです。

殺菌について学ぶなか、中洞さんは、その殺菌の方法《ほうほう》のちがいが、牛乳の味や成分《せいぶん》に、大きく影響《えいきょう》するのだと知りました。法律では、牛乳1ミリリットルあたりにふくまれる雑菌《ざっきん》の数は、400万個以下《こいか》でなければならないと決められています。そのため、しぼりたての牛乳は、いったん熱《ねっ》をくわえて、その中にいる雑菌《ざっきん》を殺さなければいけないのです。この加熱殺菌《かねつさっきん》こそが、しぼりたての牛乳《ぎゅうにゅう》の味を、大きく変《か》えてしまう原因《げんいん》でした。

日本で売られているほとんどの牛乳は、「超高温短時間殺菌法《ちょうこうおんたんじかんさっきんほう》（UHT）」という方法《ほうほう》で殺菌されています。この方法は、ステンレス製《せい》の2枚《まい》の板の間に、超高温《ちょうこうおん》の蒸気《じょうき》と牛乳をかわるがわる通して、瞬時《しゅんじ》に120〜130℃で殺菌をするというものです。時間がかからないので、たくさんの牛乳を殺菌するにはよい方法ですが、あまりにも高温のため、人間に害《がい》のある雑菌だけでなく、体によいはたらきをしてくれる菌も殺してしまいます。牛乳にふくまれるタンパク質《しつ》も、超高温によって変化《へんか》してしまい、独特《どくとく》のとろみやくせのあるにおいのもととなってしまいます。ビタミンCも約《やく》25％が失《うしな》われてしまいます。

また、この方法で殺菌をおこなうには、牛乳がこげついてしまわないように、牛乳《ぎゅうにゅう》にふくまれている「脂肪球《しぼうきゅう》」という成分《せいぶん》をこわさなくてはなりません。この工程《こうてい》を「ホモジナイズ」といいます。自然《しぜん》の牛乳は、容器《ようき》に入れてふりつづけると、脂肪球どうしがくっついてかたまりとなり、バターをつくることができます。ところが脂肪球がこわれた牛乳は、どんなにふりつづけてもバターはできません。

つまり、UHTとホモジナイズをほどこした牛乳は、しぼりたての牛乳とは、大きく成分《せいぶん》がちがっているのです。中洞《なかほら》さんの親戚《しんせき》が、しぼりたての牛乳を飲んだときに、「ふつうにお店で売っている牛乳とはぜんぜんちがう」とおどろいたのも、無理《むり》のない話だったのです。

しぼりたてのおいしさを伝《つた》える牛乳をつくりたい中洞さんは、UHTとはちがう方法《ほうほう》で殺菌《さっきん》することにしました。それは「低温保持殺菌法《ていおんほじさっきんほう》（LTLT）」と呼《よ》ばれる殺菌方法でした。この殺菌方法では、超高温《ちょうこうおん》殺菌の半分くらいの温度で、30分間じっくりと殺菌《さっきん》します。

ゆるやかに殺菌をするため、雑菌《ざっきん》は殺《ころ》しながらも、人体によいはたらきをする菌は死にません。牛乳《ぎゅうにゅう》にふくまれるタンパク質《しつ》も変化《へんか》しないため、においも変《か》わらず、しぼりたての牛乳に近い、豊《ゆた》かな風味の牛乳になります。

もちろん脂肪球《しぼうきゅう》もくだく必要《ひつよう》がないため、容器《ようき》などに入れてふりつづければ、バターをつくることができます。コップに入れてそっと置《お》いておくと、牛乳の表面に膜《まく》ができ、それをすくえば生クリームになります。

とても時間のかかるこの殺菌方法では、一度にたくさんの牛乳をつくることはできませんが、しぼりたての牛乳に近い、自然《しぜん》な風味の牛乳をつくることができるのです。

LTLTで牛乳をつくると決めた中洞《なかほら》さんですが、殺菌するためには「プラント」と呼《よ》ばれる加工施設《かこうしせつ》が必要《ひつよう》でした。しかし、一からプラントをつくる技術《ぎじゅつ》もお金もありません。中洞《なかほら》さんは、「なかほら牧場《ぼくじょう》」の牛乳《ぎゅうにゅう》だけを殺菌《さっきん》してくれる業者を探《さが》してまわりましたが、なかなか引きうけてくれる業者が見つかりませんでした。

今まで農協《のうきょう》に出荷《しゅっか》していた牛乳を、自分で殺菌して販売《はんばい》しようとする中洞さんは、牛乳業界《ぎゅうにゅうぎょうかい》の〝はみだし者〟だとうわさになっていたのです。

「中洞さんみたいな変《へん》な酪農家《らくのうか》とかかわっていたら、うちも変なところだと思われてしまう」と、まわりの酪農家や業者は、中洞さんを遠ざけるようになりました。

それでも「誰《だれ》もやったことのないことをやろうとしているんだ。簡単《かんたん》にくじけるもんか」と、中洞さんは根気よく業者を探しつづけました。「そんな勝手なことをしていたら、もう牛乳を買いとりませんよ」と、農協の職員《しょくいん》に何度も忠告《ちゅうこく》されましたが、中洞さんはまったく聞きいれませんでした。半額《はんがく》で牛乳《ぎゅうにゅう》を売りつづけるのではなく、自分で道を切り開いていくことをはっきりと決めていたのです。

そんな中洞《なかほら》さんの姿《すがた》を見て、ある地元の小さな牛乳屋《ぎゅうにゅうや》さんが殺菌《さっきん》を引きうけてくれました。このままどこも引きうけてくれなかったら、もう牧場《ぼくじょう》も続《つづ》けていけなくなるところだったので、中洞さんは心の底《そこ》から喜《よろこ》びました。

これで「なかほら牧場」の牛乳をつくることができます。山で育った牛からしぼった、自然《しぜん》で新鮮《しんせん》な牛乳。豊《ゆた》かな風味を味わってもらうため、容器《ようき》も紙パックではなく、ガラス瓶《びん》にしました。紙パックのほうが軽く、運ぶうえでも便利《べんり》なのですが、どうしても紙のにおいが牛乳にうつってしまいます。やるならとことん、ほかの牛乳とはちがう、こだわりの牛乳をつくりたかったのです。

ゆっくり時間をかけて殺菌された牛乳が、ガラス瓶に詰《つ》められたときは、感動で手がふるえました。この瓶《びん》の中に入っている牛乳《ぎゅうにゅう》は、ほかの牧場《ぼくじょう》の牛乳がいっさい混《ま》ざっていない、「なかほら牧場《ぼくじょう》」の牛乳《ぎゅうにゅう》なのです。飲んでみると、しぼりたての風味そのままに、さらりと飲みやすい味に仕上がっていました。透明《とうめい》の瓶に詰《つ》められたその牛乳は、どんな牛乳よりもおいしく感じられました。

「ついにやったぞ！『なかほら牧場牛乳』の完成《かんせい》だ！　あとはこの牛乳のおいしさを、少しでも多くの人に知ってもらうだけだ。牧場を続《つづ》けられなかったほかの山地酪農家《やまちらくのうか》たちのためにも、毎日牛乳をつくってくれている牛たちのためにも、ぜったいにおれはあきらめないぞ！」

しあわせの牛乳《ぎゅうにゅう》

ついに完成《かんせい》した「なかほら牧場牛乳《ぼくじょうぎゅうにゅう》」ですが、どうすればスーパーにならべてもらえるのかも、中洞《なかほら》さんにはわかりません。できることといえば、牛乳を持って、直接《ちょくせつ》お客さんのところを訪問《ほうもん》することでした。「無料《むりょう》でかまいませんので、とりあえず飲んでみてください。また来週空《あ》き瓶《びん》をとりにくるのでよろしくお願《ねが》いします！」と一軒《けん》一軒《けん》、家をまわっていきました。

いきなりやってきた見ず知らずの酪農家《らくのうか》におどろく人もいましたが、中洞さんの地道な訪問販売《ほうもんはんばい》で、興味《きょうみ》を持って飲んでくれる人も少しずつ増《ふ》えていきました。

やっと理想の牛乳をつくることができましたが、まだまだ借金《しゃっきん》はなくなりません。「この牛乳が失敗《しっぱい》したら……」と思うと、中洞さんは、不安《ふあん》におしつぶされそうになることもありました。朝から牛乳《ぎゅうにゅう》を売りにでかけても、一本も売れずに夜になってしまうこともしょっちゅうでした。そんな夜は、このまま車で遠くへ逃《に》げてしまいたい気持ちになります。

それでも、また牧場《ぼくじょう》へともどっていけるのは、そこに牛たちが待っているからでした。牛たちは、山地酪農《やまちらくのう》を実現《じつげん》したいという中洞《なかほら》さんの夢《ゆめ》に、だまってずっとつきあってくれているのです。ここで自分があきらめるわけにはいきませんでした。

中洞さんは「なかほら牧場牛乳」の魅力《みりょく》を伝《つた》えるために、牧場のようすや、山地酪農を紹介《しょうかい》する「牧場新聞」をつくり、牛乳を売りながら配《くば》りました。山地酪農について知ってもらえれば、必《かなら》ず応援《おうえん》してくれる人はいると思ったのです。なによりも、本当においしい自然《しぜん》の牛乳を、一人でも多くの人に飲んでほしいと思っていました。

牧場《ぼくじょう》での仕事にくわえ、毎日あちこちで牛乳《ぎゅうにゅう》を売ってまわるのは大変《たいへん》でしたが、うれしいこともありました。それは、実際《じっさい》に牛乳を飲んだ人からの、喜《よろこ》びの声を聞けることです。今までは、牛乳を出荷《しゅっか》するところまでが中洞《なかほら》さんの仕事でした。その先にどんなお客さんがいて、どんな思いで牛乳を飲んでいるのか、知る機会《きかい》もありませんでした。

「こんなにおいしい牛乳は初《はじ》めて！」

「ああ、懐《なつ》かしい。昔飲んでた牛乳の味がする」

そんな声を聞くたびに、中洞さんは、「山地酪農《やまちらくのう》にこだわりつづけて本当によかった」と思うのでした。なによりも、大好《だいす》きな牛たちの牛乳が、きちんとその価値《かち》を認《みと》めてもらえた気がしたのです。牛乳は、お母さん牛が子牛のためにたっぷりと愛情《あいじょう》と栄養《えいよう》を注いでつくるもの。実際《じっさい》、牛乳はお母さん牛の血液《けつえき》からつくられます。1リットルの牛乳をつくるのに、400〜

500リットルもの血液《けつえき》が必要《ひつよう》なのです。その牛乳《ぎゅうにゅう》が、ちょっと乳脂肪分《にゅうしぼうぶん》が低《ひく》いからという理由だけで、価値《かち》の低いもののようにあつかわれていたくやしさを思うと、こうやって多くの人に「おいしい」と飲んでもらえることが、涙《なみだ》が出るほどうれしかったのです。

そんな思いをこめた「なかほら牧場牛乳《ぼくじょうぎゅうにゅう》」は、評判《ひょうばん》が口コミで広がっていき、少しずつですが、着実に販売数《はんばいすう》をのばしていきました。「牧場新聞」を読んで、「なかほら牧場」に興味《きょうみ》を持ち、実際《じっさい》に遊びにくる人も現《あらわ》れました。

そんなときも中洞《なかほら》さんは、ひとりひとりていねいに牧場を案内《あんない》し、牛たちのようすを見てもらいました。どんな酪農家《らくのうか》が、どんな思いを持って、どうやって牛を飼《か》っているのか。それを知ってもらうことで、よりいっそう牛乳の魅力《みりょく》を伝えられると思ったのです。

食の安全や、家畜《かちく》のあつかいについて、少しずつ社会の見方が変《か》わってきたことも、「なかほら牧場牛乳《ぼくじょうぎゅうにゅう》」が注目されるきっかけとなりました。たとえばイギリスでは、1965年に「アニマルウェルフェア（動物福祉《どうぶつふくし》）」という考えかたが出てきて、家畜《かちく》のしあわせのための「5つの自由」が、社会《しゃかい》的《てき》に提言《ていげん》されているのです。日本では、まだまだなじみのうすい考えかたですが、家畜を身動きもできないせまい場所で飼《か》うことは、国際的《こくさいてき》に禁止《きんし》されはじめています。

アニマルウェルフェアは、家畜のしあわせだけではなく、家畜を飼う人間のしあわせにもかかわっています。家畜が健康《けんこう》でしあわせであれば、家畜の命をいただく人間もまた、健康を保《たも》ち、しあわせでいられると考えられているのです。

アニマルウェルフェア
5つの自由

❶飢《う》えとかわきからの自由

健康《けんこう》に生きるために必要《ひつよう》なえさと水が十分に与《あた》えられること

❷不快《ふかい》からの自由

快適《かいてき》な休息場所と、ストレスを避《さ》けることのできる
環境《かんきょう》が確保《かくほ》されること

❸痛《いた》み、傷害《しょうがい》、病気からの自由

病気やけがが放置《ほうち》されず、適切《てきせつ》な治療《ちりょう》、予防《よぼう》がおこなわれること

❹正常《せいじょう》な活動の自由

動物それぞれの習性《しゅうせい》にかなった活動・運動ができる
適切《てきせつ》な環境《かんきょう》が確保《かくほ》されること

❺恐怖《きょうふ》や悲しみからの自由

飼育《しいく》動物がおどろかされたり、乱暴《らんぼう》にあつかわれるといった
精神的《せいしんてき》苦痛《くつう》にも配慮《はいりょ》されること

日本のアニマルウェルフェア

2016年から「一般社団法人《いっぱんしゃだんほうじん》アニマルウェルフェア畜産協会《ちくさんきょうかい》」が、日本で初《はじ》めてのアニマルウェルフェア認証団体《にんしょうだんたい》としての活動を開始した。農場が「5つの自由」を満《み》たしているかどうか審査《しんさ》をし、合格《ごうかく》であれば、認証状《にんしょうじょう》を交《こう》付《ふ》する。なかほら牧場はその認証第一号として認定《にんてい》されている。

「なかほら牧場牛乳《ぼくじょうぎゅうにゅう》」の発売から5年がたち、牛乳を置《お》いてくれるスーパーマーケットや百貨店《ひゃっかてん》も増《ふ》えてきました。小さな牛乳屋さんにまかせていた殺《さっ》菌《きん》も、なかほら牧場に建《た》てたプラントで行えるようになりました。

それほどたくさんの牛乳をつくることができるわけではありませんが、それでも、中洞《なかほら》さんのつくる牛乳を、心から「おいしい」と言って、飲んでくれる人がいます。牧場まで遊びにきてくれて、牛たちの姿《すがた》に感動して帰っていく人がいます。「いつまでもつくりつづけてくださいね」と、応援《おうえん》してくれる人がいます。

乳脂肪分《にゅうしぼうぶん》3・5％の基準《きじゅん》ができたときは、中洞さんも、本当にもうだめかと思いました。酪農《らくのう》を続《つづ》けられないかもしれないと思ったときもありました。それでも信《しん》じてやってこられたのは、いつも牛たちがそばにいたからです。どんなときでも牛たちは、中洞さんのそばで、しあわせそうに草を食べ、のんびりと山を歩いていました。今も山を見上げれば、牛たちが緑の芝生《しばふ》の上で昼寝《ひるね》をしています。そんな牛たちをながめていると、今までの苦労《くろう》が消しとぶぐらい、中洞《なかほら》さんもしあわせな気持ちになるのでした。

しあわせは、単純《たんじゅん》なもの

２０１８年。「なかほら牧場牛乳《ぼくじょうぎゅうにゅう》」を発売してから、26年の月日がたちました。鏡《かがみ》を見ると、いつの間にか髪《かみ》も白くなり、顔には日焼《ひや》けした深いしわが刻《きざ》まれています。65歳《さい》の誕生日《たんじょうび》をむかえた中洞さんは、今日も黄色いジープに乗り、山へと向かいます。緑の芝生の広がる山では、牛たちがいつもと変《か》わらないようすで、のんびりと草を食べています。

冬の長いなかほら牧場では、4月の終わりごろになるとようやく、あたたかな春の日ざしが少しずつふりそそぐようになります。そして5月に入ると、それまで雪に埋《う》もれていた山肌《やまはだ》が、一気に緑の草原へと姿《すがた》を変《か》えるのです。眠《ねむ》っていた森も起きだし、小さな葉が芽《め》ぶいたかと思うと、つぎつぎとかがやかしい新緑が山に広がっていきます。葉をのばしたばかりの野《の》シバが太陽の光にきらめき、鳥たちは、春のおとずれを祝《いわ》うようにさえずっています。春の山の色彩《しきさい》の変化《へんか》は、本当にドラマチックです。最《もっと》も美しい新緑は、1年のうちにわずか数日しか見ることができません。

「この見事な春の生命はね、冬の間にその力をたくわえてるんだ。ここは豪《ごう》雪地帯《せっちたい》だからね。とにかくたくさんの雪が降《ふ》る。それは生き物にとって厳《きび》しい環境《かんきょう》のように思えるけれど、本当はそうじゃないんだよ。雪というのはね、たっぷりと時間をかけて大地でとけて、山のすみずみまで水分を染《し》みわたらせるんだ。冬というのは、じつは命をはぐくむ季節《きせつ》なんだよ」

寒さの厳《きび》しい冬が、じつは春の芽《め》ぶきのための力をはぐくんでいる――。それは、中洞《なかほら》さんの生きかたにも、どこか似《に》ているかもしれません。

中洞さんは、大きな壁《かべ》にぶつかるたびに、力をたくわえ、前へと進んできました。7000万円の借金《しゃっきん》という壁《かべ》にぶつかり、乳脂肪《にゅうしぼう》分3・5%という壁にぶつかり、死にものぐるいで挑戦《ちょうせん》した山地酪農《やまちらくのう》。ようやく完成《かんせい》した「なかほら牧場牛乳《ぼくじょうぎゅうにゅう》」でしたが、ずっと順調《じゅんちょう》に売れていたわけではありません。事業拡大《じぎょうかくだい》に失敗《しっぱい》し、牧場を失《うしな》いそうになったこともありました。牛乳をつくるプラントを失い、しぼった牛乳をどこにも出荷《しゅっか》できずに、排水溝《はいすいこう》に捨《す》てるしかなかったこともあります。

でも何があっても、牛を手放《てばな》すことはありませんでした。牛といっしょに暮《く》らすことは、中洞さんにとって人生の一部だったのです。どれだけつらいことがあっても、大自然《だいしぜん》の中をゆったりと歩く牛たちを見ていると、心が落ちつき、また前へと進んでいけるのです。

最近《さいきん》では、「なかほら牧場《ぼくじょう》」を知って、山地酪農《やまちらくのう》を志《こころざ》す若《わか》い人たちも現《あらわ》れてきました。中洞《なかほら》さんは、そんな若い人たちを、スタッフや研修生《けんしゅうせい》として受け入れています。山地酪農は、まだまだ日本では数少ない酪農ですが、「なかほら牧場」で学んだ若い人たちが、いつか自分たちの牧場をつくっていくことができたら、もっともっと広がっていくかもしれません。「千年後のことを考えた酪農をやりなさい」という猶原《なおはら》さんの言葉を、中洞さんは忘《わす》れていなかったのです。

自分の次の世代にも、そのまた次の世代へも、山地酪農を通じて、豊《ゆた》かな自然《しぜん》を受けついでいくことができたら、きっとそこには、しあわせに暮《く》らす牛たちがいるでしょう。その牛たちから牛乳をわけてもらう人間たちも、しあわせに毎日を生きていけるのではないでしょうか。

日の沈《しず》むころ、山仕事を終えてもどってきた中洞《なかほら》さんは、毎晩《まいばん》楽しみにしていることがあります。まずは牧場《ぼくじょう》にそなえつけられたサウナで、たっぷりと汗《あせ》を流し、水風呂《みずぶろ》にとびこみます。お風呂からあがったら、牧場の食堂《しょくどう》へ行き、お気に入りの暖炉《だんろ》の前にすわって、よく冷《ひ》えたビールを飲むのです。一日を終えた中洞さんの、最高《さいこう》にしあわせな瞬間《しゅんかん》です。

「朝から晩《ばん》まで仕事をして、太陽が沈んだらゆっくりと体を休める。これがここでの生活の基本《きほん》だよ。こうやって生活しているとね、日常《にちじょう》の悩《なや》みなんて自然《しぜん》となくなっていくのさ。よく働《はたら》いたらご飯《はん》もおいしいし、おいしいご飯を食べたらよく眠《ねむ》れる。おれにとってのしあわせは、そんな単純《たんじゅん》なもの。あれがほしい、これが食いたいなんて、際限《さいげん》なくモノを求《もと》めるのは、しあわせとは言えないよ」

自然《しぜん》の中でのびのびと暮《く》らし、新鮮《しんせん》な草を食べ、糞《ふん》をして、好《す》きな場所で寝《ね》る。それが牛たちのしあわせです。同じように、中洞《なかほら》さんも、朝早くから働《はたら》いて、おいしいご飯《はん》を食べて、夜はぐっすり眠《ねむ》る。そんな毎日が、何よりもしあわせなものなのです。

窓《まど》の外には、牛舎《ぎゅうしゃ》での乳《ちち》しぼりを終えた牛たちが、のんびりと山へ帰っていく姿《すがた》があります。

中洞さんも夕ご飯を食べおえると、部屋へともどり、寝る準備《じゅんび》を始めました。明日はまた朝早くから、牛たちが山をおりてくるのですから。

2916

あとがき

自然《しぜん》と人間

3年にわたり、なかほら牧場《ぼくじょう》に通《かよ》わせていただきました。訪《おとず》れるたびに、雄大《ゆうだい》な山や、かわいらしい牛たち、夢《ゆめ》いっぱいのスタッフのみなさんや、ビールをおいしそうに飲む中洞《なかほら》さんに、たくさんの元気をいただいて帰りました。

初《はじ》めて牧場を訪れたのは、2014年の夏でした。人生で初めての乳《ちち》しぼりは、なかなかうまくできなかったことを覚《おぼ》えています。中洞さん自慢《じまん》の黄色いジープで、山を案内《あんない》してもらいながら、僕《ぼく》は、自然と人間の関係《かんけい》を考えていました。2011年3月11日に発生した東北地方太平洋沖地震《とうほくちほうたいへいようおきじしん》の記憶《きおく》が、強く心に残《のこ》っていたのです。

突然《とつぜん》の自然災害《しぜんさいがい》は、多くの人の命をうばいました。想像《そうぞう》もできないほどの大津波《おおつなみ》が街《まち》をおそい、人間のつくりあげてきた生活をこなごなにうちくだいたのです。「自然とは、なんておそろしいものなのだろう」と、思わずにはいられませんでした。

そんなときに訪《おとず》れたなかほら牧場《ぼくじょう》では、山と牛、そして人間が、歩調を合わせるように、助けあいながら生きていたのです。秋になると、山は燃《も》えるような紅葉《こうよう》に染《そ》まり、牛たちも、山梨《やまなし》や山ぶどうなど、自然《しぜん》のめぐみをおいしそうにほおばっていました。極寒《ごっかん》の冬は、牧場のすべてが雪に包《つつ》まれ、色という色がすべて真っ白になってしまいます。そのかわりに、澄《す》んだ夜空にはたくさんの星がかがやいていて、手をのばせば届《とど》きそうなほど、近くに感じるのでした。春がくると、どこからともなく命があふれだしてきて、山はまた、一面の緑に包まれます。この、牧場を訪れるたびに感じる命のサイクルを見ていると、自然とは、おそろしいだけのものではないことが、はっきりとわかります。

あるとき中洞《なかほら》さんが、山の表土についてたくさんのことを教えてくれました。山を覆《おお》っている表土は、虫や動物などの死がいが、何万年、何億年《なんおくねん》とかけて変化《へんか》したものだというのです。それがまた、次の命をはぐくむ土になるなんて、なんと不思議《ふしぎ》なことなのでしょう。命というものは、ひとつの死をこえて、はるか未来《みらい》の命まで、つながっていくものなのです。

人間は、ほかの生き物の命をいただかなくては生きていけません。家畜《かちく》は、人間を支《ささ》えるために、その命をささげてくれる動物たちです。どれだけ動物や植物を大切に思っていても、人間は生きているかぎり、その命をうばってしまいます。でもだからこそ、そんな命を大切にあつかい、感謝《かんしゃ》する必要《ひつよう》があるのです。

牛乳《ぎゅうにゅう》は、牛たちの血からつくられているということ。その牛たちの血は、山に生えている植物の栄養《えいよう》からつくられているということ。そしてその植物たちは、数えきれないほどの無数《むすう》の命から、栄養をもらっているということ。

たった一杯の牛乳が、たくさんの命に支《ささ》えられているのだと思うと、とてもありがたく、しあわせな気持ちがわきあがってきます。なかほら牧場《ぼくじょう》のしあわせな環境《かんきょう》が、千年先にも、一万年先にも、受けつがれていきますように。

二〇一八年　三月　佐藤慧

著 / 佐藤慧

（さとう・けい）

フォトジャーナリスト。1982年岩手県生まれ。2007年にアメリカのNGOに渡り研修を受け、その後南部アフリカ、中米などで地域開発の任務につく。現在は中東、アフリカ、東ティモールなどで紛争や差別の取材を続けている。共著に『ファインダー越しの3.11』（原書房）がある。

写真 / 安田菜津紀

（やすだ・なつき）

フォトジャーナリスト。カンボジアを中心に、東南アジア、中東、アフリカで貧困や災害などの取材を続ける。2012年、名取洋之助写真賞受賞。写真絵本『それでも、海へ』（ポプラ社）、『君とまた、あの場所へ
シリア難民の明日』（新潮社）ほか。

•

装丁 / 生駒浩平（sai company）

イラスト / ねもときょうこ

協力 / 中洞牧場

ポプラ社ノンフィクション30　〜生きかた〜

しあわせの牛乳

2018年３月　第1刷
2025年６月　第10刷

著　佐藤 慧

写真　安田 菜津紀

発行者　加藤 裕樹

編集　原田 哲郎

発行所　株式会社ポプラ社

〒141-8210　東京都品川区西五反田3-5-8
www.poplar.co.jp

印刷　共同印刷株式会社

製本　株式会社若林製本工場

ISBN 978-4-591-15813-5　N.D.C.916 / 175p / 20cm

落丁・乱丁本はお取り替えいたします。
ホームページ（www.poplar.co.jp）の
お問い合わせ一覧よりご連絡ください。

読者の皆様からのお便りをお待ちしております。
いただいたお便りは著者にお渡しいたします。

P4047030